PÉDAGOGIE PRATIQUE À L'ÉCOLE

[redacted]

LECTURE, ÉCRITURE ET CULTURE AU COURS PRÉPARATOIRE

Jacqueline BOUSSION
Michèle SCHÖTTKE
Catherine TAUVERON

Préface de Michel AMREIN

HACHETTE
Éducation

Les auteurs :

Jacqueline Boussion, professeur des écoles, maître formateur à l'IUFM de Clermont-Ferrand, enseigne au cours préparatoire.

Michèle Schöttke, professeur des écoles, conseillère pédagogique dans la [redacted], inspecteur de l'Éducation nationale.

Catherine Tauveron, agrégée et docteur de l'Université, est professeur à l'IUFM de Clermont-Ferrand et chercheur associé à l'INRP.

Le travail dont cet ouvrage rend compte s'inscrit dans le cadre de la mission « Maîtrise de la langue », confiée à Michel Amrein pour l'Académie de Clermont-Ferrand.

Couverture : Studio Favre-Lhaïk
Réalisation : NDL Communication

ISBN 2-01-170449-9

SOMMAIRE

DEUXIÈME PARTIE
LIRE – ÉCRIRE DES TEXTES DOCUMENTAIRES

TROISIÈME PARTIE
LA BDC, LIEU D'ACCULTURATION ET D'APPRENTISSAGE

Autour des loups-personnages

Une « ronde des livres »

QUATRIÈME PARTIE
LECTURE – ÉCRITURE AU CYCLE 2 : UNE HARMONISATION D'ÉCOLE

PRÉFACE

Dans les représentations que s'en font les parents et leurs enfants mais aussi les enseignants, le cours préparatoire est perçu comme l'année principale et exclusive de l'apprentissage de la lecture. On comprend dès lors l'inquiétude de beaucoup de maîtres de CP, inquiétude renforcée par des propos réducteurs et contradictoires trop et mal médiatisés opposant des méthodes, vulgarisant des recherches sans transfert didactique, réduisant l'apprentissage à quelques savoirs superficiels peu opératoires. L'observation quotidienne des classes conduit à penser que les recommandations officielles et la réorganisation de la scolarité en cycles n'ont pas fait beaucoup évoluer les pratiques : le cours préparatoire, classe sensible, concentre beaucoup à lui seul la crainte de ne pas y réussir à enseigner ou à y « *apprendre à lire* ». En conséquence, la recherche par les enseignants, les élèves et leurs parents de méthodes simples et efficaces pour acquérir vite un savoir-lire apparent et gommer les inquiétudes de tous, fait obstacle à un réel enseignement de la communication et de la culture qui doit sous-tendre l'apprentissage du savoir-lire.

On comprend ainsi que les instituteurs expérimentés redoutent de remettre en cause certaines de leurs pratiques pour les ajuster à de nouvelles et légitimes ambitions éducatives. On comprend également pourquoi les professeurs récemment nommés éprouvent de sérieuses difficultés à mettre en œuvre ce qui est enseigné dans les IUFM et auquel ils adhèrent tout à fait.

Le projet dont *Lecture, écriture et culture au cours préparatoire* souhaite rendre compte, est né d'une volonté de faire connaître des pratiques pédagogiques ambitieuses mais, on l'espère, accessibles et transposables, permettant aux maîtres qui en auraient connaissance, de retrouver un peu de sérénité...

Compte tenu que les enseignants sont très réceptifs aux témoignages de leurs pairs, il a paru souhaitable que soit connu le travail qu'accomplit Jacqueline Boussion, depuis de nombreuses années et avec des compétences et un professionnalisme de tout premier ordre. Mais il fallait aussi dépasser le simple témoignage et rendre lisibles une trajectoire et des objectifs transférables en d'autres lieux, ne pas proposer de modèle à suivre mais inviter à parcourir une voie parallèle à celle décrite, sans pour autant recourir à d'importantes réflexions théoriques. Soin est laissé au lecteur de faire lui-même les connexions avec les informations qu'il possède ou qu'il trouvera dans le document officiel de référence *La maîtrise de la langue à l'école*[1].

Dans cet esprit, ont collaboré à l'ouvrage : Michèle Schöttke, ex-praticienne et actuellement formatrice d'enseignants qui travaille depuis longtemps sur la

1. Direction des Écoles / Savoir Livre / CNDP (Diffusion Hachette).

lecture et ses différents supports, ainsi que Catherine Tauveron, professeur à l'IUFM de Clermont-Ferrand et chercheur à l'INRP.

L'équipe ainsi constituée a prioritairement souhaité que soit mis en évidence ce qui fait la qualité de ce témoignage pédagogique :

– *Écrit et oral sont vécus dans la classe comme un partage culturel.* Les enfants se sentent immergés avec bonheur dans une culture de la communication avec laquelle ils se familiarisent peu à peu. Les activités prenant essentiellement appui sur une littérature exigeante et adaptée à son public témoignent d'une incessante interaction entre les différents vecteurs et composantes de cette communication, en particulier la lecture, l'écriture mais aussi la communication verbale, non verbale, picturale...

– *Les écrits à lire, à produire sont travaillés dans tous leurs aspects.* Ils sont abordés au travers d'activités variées, dont on ne donne à chaque fois qu'une illustration, le texte dans son ensemble, la gestion des paragraphes et de l'enchaînement des phrases, la phrase et les mots qui la composent, de tous les points de vue possibles : pragmatique, sémantique, morphosyntaxique, graphique[1].

– *L'enseignant donne à voir et partager une pédagogie de l'erreur* : questionnement professoral toujours présent et jamais blasé des difficultés réelles et légitimes qu'éprouvent les jeunes enfants à développer leurs compétences langagières et à s'approprier les contraintes de la langue et des discours.

– *Dans un grand nombre de séquences, le rôle des interactions langagières dans la co-construction des savoirs est parfaitement lisible.* Les projets évoqués permettent d'éviter l'écueil trop fréquemment observé du parler pour ne rien dire ou du répondre ce qu'attend l'enseignant.

La démarche décrite dans la deuxième partie est particulièrement stimulante. Le parcours scolaire auquel les élèves sont invités consiste en une habile synthèse de l'enseignante entre son projet personnel lié à sa mission éducative, le projet de classe fédéré autour du loup et les projets personnels de chaque enfant. Chacun est ainsi amené à mobiliser individuellement ses potentialités et compétences pour relier les informations reçues, et, en conséquence, les mettre au service d'un apprentissage réellement individualisé et personnalisé. L'album qui sert de point de départ et de fil directeur aux activités langagières développées dans cette partie a été choisi non seulement pour ses qualités textuelles, iconographiques et éditoriales mais surtout pour le mythe du loup qu'il donne à vivre aux enfants ; c'est à une véritable pédagogie de l'imaginaire que conduit *Rebelle le loup*[2]. C'est avec des textes mythiques, qui parlent à l'inconscient, que les enfants apprennent quelque chose sur eux et les

1. *Cf. Évaluer les écrits à l'école primaire*, Groupe EVA, Hachette Éducation/INRP, 1991.
2. Jacqueline Delaunay, *Rebelle le loup*, Syros, 1992.

autres, peuvent prendre pied peu à peu dans le réel et donc grandir. Cette approche assez classique de l'écrit par la médiation de la littérature jeunesse, bien des enseignants, en comprennent l'intérêt et la pratiquent. Toutefois beaucoup éprouvent des difficultés à choisir des textes qui permettent de construire de façon finalisée et organisée un enseignement pertinent. On verra ici comment les enfants sont aidés à transcender le mythe et à construire et objectiver des connaissances issues de l'écrit : les loups des contes de fées font place aux quelques loups bien vivants témoins d'une époque révolue. Aux activités sur le récit viennent alors se greffer des activités de lecture-écriture à vocation plus scientifique. Un voyage au Parc du Gévaudan et une fête d'école seront les prétextes à de réelles pratiques d'écrits documentaires, peu fréquentes mais réalisables dans un CP et qui, au-delà des projets, amènent les enfants à devenir des lecteurs/scripteurs actifs, s'appropriant une réelle maîtrise sur l'écrit. En dehors de l'originalité et de la valeur éducative du témoignage, on peut noter la rigueur avec laquelle sont construites les séquences, qui placent les élèves au centre des situations d'apprentissage et les invitent peu à peu à une compréhension fine et critique de textes.

Parce qu'il n'est pas un *journal de bord*, l'ouvrage ne rend pas compte de toutes les activités menées dans une année scolaire. Certaines pauses ou moments de structuration ont été volontairement omis, la lecture de certaines histoires ou d'autres supports (comme le journal) a été passée sous silence. Ne sont pas développées non plus des activités spécifiques de codage et décodage grapho-phonétique : le développement de procédures dites de bas niveau trouve sa place dans la classe de façon assez systématique et se veut autant un travail de réflexion métalinguistique qu'une activité de familiarisation avec la première articulation du langage si utile pour gérer l'écrit avec aisance et prise de distance. Un tel travail, mené parallèlement aux activités de lecture et d'écriture, n'est cependant pas considéré comme un travail de lecture entendu *stricto sensu*, mais comme un moyen parmi d'autres. Comme le moyen est connu, mais que d'autres compétences tout aussi importantes sont traditionnellement négligées, les auteurs ont fait le choix d'insister sur le moins pratiqué.

Il est à souhaiter que les lecteurs soient conduits à imaginer des projets d'activités langagières dans lesquels les lieux de lecture soient conçus et utilisés pour ces projets et non pas l'inverse ; les BCD, les coins lecture des classes, etc. doivent être envisagés dans des perspectives d'acculturation des élèves au monde de l'écrit.

Preuve est faite que la littérature de jeunesse peut nourrir l'enseignement de la langue écrite sous réserve que celui-ci, bien finalisé, donne lieu à interrogation et réflexion sur tous les paramètres qui peuvent, dans les textes choisis, faciliter ou faire obstacle aux objectifs visés.

Indexer les apprentissages de la communication sur de réelles situations dont le code est l'écrit, est un choix pédagogique de bon sens : le seul qui soit en conformité avec toutes les recherches sur les apprentissages. Faire ce choix c'est admettre que lire, écrire, parler ne procède pas d'un parcours guidé allant du simple au complexe, mais c'est admettre aussi qu'immersion dans l'écrit et induction de motivations ne suffiront pas dans bien des cas à construire une maîtrise langagière flexible.

Lecture, écriture et culture au cours préparatoire démontre qu'il est possible parce que nécessaire et souhaitable, de construire un apprentissage structuré exigeant et performant du lire-écrire à partir de vraies situations de communication. Les activités de structuration plus analytiques sont certes décrochées des projets de lecture-écriture mais elles y sont sans cesse reliées car un apprentissage gratuit est un apprentissage cognitivement coûteux et peu opératoire.

Une pédagogie de la situation, du ici et maintenant, mais aussi une pédagogie rigoureuse, structurante qui sait tirer parti des difficultés rencontrées ne peuvent se dérouler dans des cadres précis. Toutefois, tout n'est pas à réinventer et certaines constantes demeurent. La programmation proposée en fin d'ouvrage pour l'ensemble du cycle 2 est précieuse pour les enseignants qui souhaitent construire un enseignement bien équilibré de toutes les activités langagières. De la grande section de maternelle à la fin du CE1, en continuité avec les cycles de toute la scolarité, les enseignants sont ainsi fortement encouragés à imaginer les complémentarités et les équilibrages nécessaires pour que les enfants vivent des parcours personnalisés d'apprentissage, continués, adaptés, planifiés.

L'ouvrage invite donc les maîtres à mieux s'interroger sur cette étape fondamentale de la scolarité qu'est le cycle 2, mais surtout à trouver des réponses opératoires à de nombreuses questions embarrassantes qui se posent légitimement et quotidiennement. On espère qu'ils partageront aussi l'enthousiasme d'une institutrice dont les pratiques d'excellence méritent d'être connues et le plaisir que notre équipe réduite a éprouvé à transmettre ces pratiques.

Michel AMREIN
Inspecteur de l'Éducation nationale
Chargé de mission « Maîtrise de la langue »
de l'Académie de Clermont-Ferrand

PREMIÈRE PARTIE

LIRE – ÉCRIRE DES HISTOIRES

UNE HISTOIRE RÉPÉTIVE DÈS LA RENTRÉE

1

PRÉSENTATION

Le texte choisi pour inaugurer l'année scolaire est *La maison à dormir debout*, un album de Audrey et Don Wood paru en 1986, aux Deux Coqs d'or.

▲ Les raisons du choix

Il s'agit d'une *histoire répétitive* avec effet accumulatif :

– adaptée aux possibilités de lecture de débutants,

– qui associe étroitement texte et illustrations, de très bonne qualité.

Elle présente, au-delà des deux remarques précédentes, un double intérêt.

D'un point de vue psychologique, les enfants de six ans sont encore dans une phase où la répétition quasi-obsessionnelle de gestes ou de paroles est constitutive du développement de leur personnalité et en particulier de leur adaptation au réel. Les repères rassurants que constituent les phrases qui se répètent aident à mieux surmonter les craintes que peut provoquer l'approche d'un texte long.

Du strict point de vue de l'apprentissage de la lecture, la répétition aide à progresser dans le texte en faisant l'économie de la charge cognitive trop importante qu'apporteraient un lexique et une syntaxe sans cesse variés.

Généralités sur le choix des supports de lecture

Le choix d'un ouvrage de littérature de jeunesse dans une classe de CP doit s'appuyer sur des critères explicitables. Certes l'intérêt de l'histoire, les liens qu'elle peut entretenir avec les préoccupations culturelles, affectives des élèves, le plaisir que l'enseignant lui-même a pris à la découvrir sont des éléments importants. D'autres critères doivent cependant être pris en compte : la *qualité matérielle du livre* (ses illustrations et leur rapport au texte) tout comme les caractéristiques textuelles et linguistiques de l'histoire. Si l'on met en pratique l'interaction lecture-écriture, c'est parce qu'on vise tel ou tel objectif d'enseignement/apprentissage en écriture (apprendre à construire un dialogue, à saisir la fonction et la construction d'une description, à multiplier les personnages et à articuler leurs programmes, à construire des chaînes de substitution...) qu'on choisira en lecture une histoire présentant les caractéristiques requises (des dialogues, des descriptions, des personnages multiples, des reprises anaphoriques nombreuses...).

▲ Présentation du récit

Histoire de la nuit agitée de toute une maisonnée. Elle débute dans le bleu de la nuit et se termine dans le jaune du soleil levant.
Un élément s'enchaîne à un autre jusqu'au moment où tout bascule et se défait à l'envers.
L'illustration, originale, montre le plaisir et le confort des personnages.
Un album à feuilleter plusieurs fois pour repérer toutes les modifications qui apparaissent au fil des pages.

▲ Objectifs généraux

Conduire les élèves à utiliser au mieux les savoirs capitalisés à l'école maternelle, dans l'entourage familial et dans l'environnement social, mais également permettre à ceux qui sont éloignés des pratiques de l'écrit de découvrir « *les gestes cultivés de la lecture* »[1]. Il ne s'agit pas, au sens strict, de faire lire l'histoire mais de mettre en place chez les élèves des attitudes de lecteurs.

1. CNDP, Savoir Livre, *La maîtrise de la langue à l'école*, 1992.

UNE HISTOIRE RÉPÉTIVE DÈS LA RENTRÉE

2

LE LIVRE : DE L'OBJET À L'INFORMATION

▲ Première séquence : découverte de l'objet-livre

Objectifs

Conduire l'élève à :

– Explorer l'objet-livre.

– Connaître et utiliser un vocabulaire spécifique autour de cet objet-livre.

– Formuler des hypothèses de sens à partir des renseignements donnés par la couverture.

L'« objet-livre » est déjà porteur de sens avant toute lecture. Le rôle de l'enseignant, en début d'année, est de donner aux élèves des clés d'entrée dans les albums qui rendent les choix individuels plus raisonnés.

Durée

Environ trente minutes.

Travail sur le paratexte

– Présentation de l'album, manipulation, appropriation.

– Prise de contact à travers les illustrations de la première de couverture : « *trois personnages – une vieille dame – un petit garçon et un chien – empilés sur un lit et qui dorment...* ».

– Recherche du titre sur la première de couverture et essai de lecture : seuls les mots « *maison* » et « *une* » sont reconnus. Les illustrations ne permettent pas de lire le titre de façon plus fine. On en conclut que l'histoire se passe dans une maison.

– L'enseignant lit le nom de l'auteur, de l'illustrateur et de l'éditeur en les montrant et en explicitant leur rôle.

– Lecture de l'illustration de quatrième de couverture : « *La dame est réveillée, elle rit, elle rêve... – Un chat lui saute dessus – On ne voit plus le chien ni le petit garçon – On est toujours dans la maison* ».

– Lecture des pages de garde : titre et nom d'auteur sont reconnus comme tels mais le titre n'est toujours pas découvert.

Présentation du début de l'histoire

– Affichage au tableau du début de l'histoire[1] et de son illustration agrandie.

Voici une maison
une maison à dormir debout
où tout le monde est endormi.

Dans cette maison
il y a un lit
un lit douillet,
dans la maison à dormir debout
où tout le monde est endormi.

Et sur le lit
il y a une grand-mère,
une grand-mère qui ronfle
sur un lit douillet
dans la maison à dormir debout
où tout le monde est endormi.

– L'enseignant lit lentement le texte affiché.

– Les élèves peuvent vérifier la validité des hypothèses formulées au cours de l'étude du paratexte : « *Il y a bien une maison, une grand-mère qui dort, mais on ne parle ni du garçon, ni du chien. Il va falloir lire ce livre pour savoir ce qu'il raconte* ».

– Recherche de titres possibles : « *La maison de la grand-mère* », « *la maison où l'on dort...* »

– Lecture du titre par l'enseignant : « *Une maison à dormir debout* ».

– Explication de l'expression : « *à dormir debout* ».

– Genre probable du récit : « *drôle, amusant, un peu fou...* »

– Relecture du texte par l'enseignant et mise en évidence des répétitions, voulues.

– Distribution du titre et du début de l'histoire pour le cahier où les élèves vont conserver tous les textes lus pendant l'année. Ce cahier, au-delà de sa valeur affective, est une mémoire active de l'enfant lecteur. Il constitue une *banque de données* personnelle consultable chaque fois que nécessaire. Il assure en outre le lien entre l'école, l'enfant et sa famille.

1. Audrey et Don Wood, *La maison à dormir debout*, droits réservés.

▲ Deuxième séquence : découverte du début de l'histoire

Objectifs

Conduire l'élève à :

– Repérer la linéarité de l'écrit.

– Se faire une représentation plus juste de la phrase, « unité sémantique ».

Durée

Environ trente minutes.

Mise en évidence du sens de la lecture

– Rappel : on lit de gauche à droite, de haut en bas.

– Recherche du début et de la fin du texte.

– Tentative d'explicitation du chemin parcouru par les yeux du début à la fin du texte.

Mise en évidence des unités de sens

– L'enseignant relit le texte en segmentant les mots qui sont montrés au fur et à mesure à l'aide d'une règle.

– Identification des paragraphes qui guident le lecteur.

– Recherche du nombre de phrases, de leur début, de leur fin : « *Montrez-moi la première phrase, la troisième, la deuxième. Où commence la deuxième phrase, la première... ?* »

– Comparaison de la longueur de ces trois phrases.

Vers l'identification d'unités de sens

– Utilisation de la redondance texte-image : « *Montrez-moi la grand-mère endormie et retrouvez dans le texte les mots qui disent la même chose* ».

– Recherche du titre du livre dans ce début d'histoire par comparaison avec la couverture.

– Mise en évidence des différences graphiques (présence/absence de majuscule, usage d'une typographie différente).

Exercice écrit

– Distribution du texte.

– Il s'agit de souligner le titre contenu dans le texte, la phrase qui présente la grand-mère, etc.

▲ Troisième séquence : découverte de la suite de l'histoire

Les illustrations sont montrées aux enfants regroupés qui inventent l'histoire au fur et à mesure, oralement ou dans leur tête, pendant que l'enseignant feuillette le livre sans commentaires.

Il ne s'agit pas là d'un jeu hasardeux de devinette : cette approche hypothético-déductive est l'approche même du lecteur expert. Toute lecture – toute communication en général – procède d'une attente personnelle du sujet face à un objet qui lui fournit des indices.

L'histoire est ensuite lue dans son entier par l'enseignant. Les hypothèses sont infirmées ou confirmées.

UNE HISTOIRE RÉPÉTIVE DÈS LA RENTRÉE

3

CONSTRUIRE DES COMPÉTENCES SYNTAXIQUES

Les activités qui suivent ont pour finalité de mettre en lumière l'existence d'une unité de sens – la phrase – essentielle à la compréhension, et de montrer qu'une phrase est une unité sémantique variable dans sa structure.

Si d'autres unités (le texte dans son ensemble, les séquences textuelles à l'intérieur du texte, les paragraphes) sont abordées ultérieurement, la phrase continue, tout au long de l'année, d'être un objet d'attention. Elle l'est toujours en contexte.

▲ Activités autour de la *phrase*

Objectif

Conduire l'élève à mieux cerner la notion de « phrase unité sémantique ».

Activités possibles

– Repérer des phrases dans le texte de l'histoire en marquant le début et la fin de chacune d'entre elles.

– Repérer dans des textes des phrases à la silhouette très variée.

▲ Activités autour de la *structure* d'une phrase

Objectif

Conduire l'élève à repérer de manière implicite qu'une phrase est une unité sémantique très variable dans sa structure.

Activités possibles

– Distribution d'une phrase extraite du début de l'histoire.

– Lecture oralisée par l'adulte.

– Découpage de la phrase.

– Réduction de la phrase par manipulations des étiquettes obtenues.

– Lecture de la phrase minimale : « *Il y a un lit* ».

– Commutations des groupes en préservant la grammaticalité.

dans cette maison	il y a un lit	un lit douillet
dans la maison à dormir debout	où tout le monde est endormi	

▲ Activités autour du *groupe nominal*

Objectif spécifique

Conduire l'élève à repérer la variabilité d'un groupe à l'intérieur d'une phrase.

Activités possibles

Extension et réduction d'un groupe nominal en jouant sur le nombre et la place des qualifiants.

qui est douillet	douillet	que grand-mère aime	à dormir debout	
un lit	en bois	qui dort	dans la maison	bleue
très grand	où dort la grand-mère	aux volets bleus	de la grand-mère	
où tout le monde est endormi				

Mardi 20 septembre 1994

Ecrire la phrase minimale

trouvée.

Il y a un lit.

UNE HISTOIRE RÉPÉTIVE DÈS LA RENTRÉE

4

LES ACTIVITÉS DE CALLIGRAPHIE

▲ Automatiser le geste graphique

Le premier mois de l'année scolaire est le mois où doivent se mettre en place les bons gestes de l'écriture.

Au cours du cycle 2, chaque enfant doit parvenir **à maîtriser l'écriture cursive**, à reproduire un message perçu visuellement (plus ou moins éloigné dans l'espace ou localisé dans des plans différents).

En première année de l'école élémentaire, il s'agit **d'automatiser le geste graphique** afin de libérer l'esprit de l'enfant pour la gestion d'autres difficultés.

Il convient pour ce faire d'aider l'enfant à maîtriser l'outil scripteur et le support utilisés, à organiser l'espace et à s'y orienter.

L'écriture du maître au tableau, sera l'écriture script, celle du livre, celle qu'on a le plus souvent l'occasion de lire.

L'écriture de l'élève sera l'écriture cursive. Les majuscules utilisées peuvent être les majuscules cursives ou, mieux, les majuscules d'imprimerie.

Comme le note *La maîtrise de la langue*[1], **la charge d'attention nécessaire à l'écriture manuelle reste longtemps élevée. L'activité de calligraphie sera donc réduite dans le temps**.

L'activité d'écriture ne se conçoit que si elle sert à conserver ou à transmettre utilement du sens. On ne fera donc écrire que des messages signifiants (on trouvera quelques exemples d'écriture de messages signifiants reproduits en divers points de l'ouvrage en regard de l'activité qui les justifie). Les lignes de mots, *a fortiori* de lettres, sont des exercices calligraphiques où l'écriture perd sa fonctionnalité, inutiles et même nuisibles dans la mesure où le geste pour tracer une lettre ou un mot isolés n'est pas semblable au geste nécessaire pour tracer un mot et une phrase dans leur continuité. Peuvent et doivent néanmoins être menées en parallèle des activités graphomotrices permettant une maîtrise du geste fin et des activités de coordination visuo-motrices.

1. *Op. cit.*

▲ Matériel utilisé

– Cahiers « Calligraphe » avec interlignes de 3 mm jusqu'à décembre et de 2,5 mm jusqu'en février, puis passage aux interlignes de 1,5 mm selon les possibilités de chaque élève.

– Stylos à bille noirs.

▲ Quelles activités au tout début du CP ?

Observation collective de la feuille du cahier

Comment se présente-t-elle ?

– des carreaux, des lignes verticales et horizontales,

– une marge délimitée par un trait vertical rouge,

– des espaces blancs sans carreaux…

Une partie de la feuille de cahier est reproduite au tableau.

Exercices individuels de repérage

Chaque élève est invité sur une page blanche :

– à suivre une ligne appuyée ;

– à montrer un « chemin » (interligne) ;

– à repérer le premier chemin, au-dessus de la ligne appuyée ;

– à colorier de couleurs différentes le 1er chemin, puis le 2e et le 3e chemin au-dessus de la ligne en procédant de la gauche vers la droite ;

– à faire le même travail pour les deux chemins en dessous de la ligne (deux chemins seulement ici dans la mesure où le jambage des lettres n'atteint pas le troisième interligne) ;

– à exécuter des graphismes de un, deux ou trois chemins.

Exercices d'écriture

– Le message destiné à être calligraphié est écrit par l'enseignant sous les yeux des enfants en écriture script et en écriture cursive. Les deux versions sont disposées l'une en dessous de l'autre comme sur l'espace de la page.

– Une observation fine des différences et des similitudes est conduite. (Quand les deux modes d'écriture seront devenus familiers aux élèves, l'enseignant n'écrira plus qu'en script.)

– L'attention est attirée sur les lettres susceptibles d'être confondues : par exemple, u et i, n et m, d et b, p et b …, sur la hauteur des lettres dans le chemin d'appui (un chemin au-dessus, au-dessous ; deux chemins au-dessous…).

– Le message est reproduit sur le cahier par chaque élève. En même temps que les élèves écrivent, l'enseignant commente les gestes à produire : « *Je commence en haut du 3e chemin, je descends bien droit, je tourne à droite...* » et veille, avec une attention toute particulière, à la position du corps, du bras et de la main de l'enfant, à la tenue de l'outil scripteur dont la qualité graphique doit être irréprochable.

Remarques

L'enseignant exige, du moins dans un premier temps, que les mots soient espacés de la largeur d'un index, conseille d'anticiper la fin de la ligne pour ne pas avoir à couper les mots, de sauter une ligne, pour éviter les chevauchements et préserver la clarté, pour faciliter les corrections aussi.

Il ne fait pas de modèles sur le cahier : la copie d'un message d'un plan vertical éloigné (le tableau) à un plan horizontal rapproché (le cahier) ne met pas en jeu les mêmes opérations de coordination oculomotrice que la copie sur un même plan horizontal.

Il est très attentif à la latéralité des élèves. Il place les élèves gauchers de telle façon que la main de l'écriture ne soit pas entravée par la main d'un élève assis à gauche.

Il les aide à trouver et à automatiser les gestes de compensation qui leur permettront d'écrire de la main gauche avec des outils et des règles d'écriture prévus pour les droitiers.

Il contrôle chez tous les élèves la position par rapport au cahier : ligne des épaules, position du bras, de la tête, distance entre les yeux et le plan du cahier...

UNE HISTOIRE RÉPÉTIVE DÈS LA RENTRÉE

5

UN PROJET D'ÉCRITURE

▲ Objectifs

Conduire l'élève à :

– Prendre conscience des lois du genre et à s'approprier des formes répétitives et accumulatives.

– Saisir quelques-unes des contraintes de l'écriture.

▲ Supports utilisés

– Comptines et chansons populaires :
Dans le bois, La perdriole, Ah ! tu sortiras biquette, Ah ! mon beau château.

– Contes traditionnels et contemporains :
Natha Caputo, *Contes aux quatres vents*, Nathan, 1957.
Anaïs Vaugelade, *L'anniversaire de Monsieur Guillaume*, L'École des Loisirs, 1994.
Christophe Glagowski, *Kolobok le petit pain rond*, Ipomée-Albin Michel, 1984.
Ruth Brown, *Une histoire sombre, très sombre*, « Folio benjamin », Gallimard, 1986.
Verna Aardema, *Pourquoi le moustique bourdonne à mes oreilles*, Messidor La Farandole, 1981.

▲ Repérer des constantes dans les textes présentés

L'enseignant lit les textes qu'il a rassemblés et qui présentent tous la particularité de se développer en spirale.

Les élèves repèrent les éléments récurrents et les surlignent dans les textes.

▲ Réutiliser le savoir découvert pour inventer la suite d'une comptine

La comptine est la suivante :

> Il y avait une petite maison verte ;
> Et dans la petite maison verte,
> Il y avait une petite maison brune ;
> Et dans la petite maison brune,
> Il y avait une petite maison jaune
> …

Les élèves repèrent collectivement comment l'information se répète et se modifie dans le texte agrandi et affiché au tableau.

Individuellement, ils recherchent les éléments nécessaires à l'écriture d'une suite en conformité avec le début imposé.

Les propositions des enfants sont inscrites au tableau :

> Et dans la petite maison jaune,
> Il y avait une petite maison noire ;
> Et dans la petite maison noire,
> Il y avait une petite maison blanche ;
> …

Le texte produit est ponctué par imitation du texte d'origine.

▲ Reconstitution d'un texte répétitif

Appariement de trois fins et de trois débuts de textes répétitifs.

▲ Repérage des caractéristiques des séquences dans *La maison à dormir debout*

Observation comparée de trois séquences du récit[1] :

– le début ;

– l'introduction de deux personnages : attaque par « *Et sur ce… ou cette…, il y a* » pour la présentation des personnages ;

– formule finale immuable « *dans la maison à dormir debout où tout le monde est endormi* »…

1. Audrey et Don Wood, *op. cit.*

① Dans cette maison
il y a un lit,
un lit douillet
dans la maison à dormir debout
où tout le monde est endormi.

② Et sur ce lit
il y a une grand-mère,
une grand-mère qui ronfle
sur un lit douillet
dans la maison à dormir debout
où tout le monde est endormi.

③ Et sur cette grand-mère
il y a un enfant
un enfant rêvant
sur une grand-mère qui ronfle
sur un lit douillet
dans la maison à dormir debout
où tout le monde est endormi.

Remise en ordre de ces trois séquences.

▲ Écriture d'un texte répétitif à la manière de *Une histoire sombre, très sombre*

Une histoire sombre, très sombre

Dans ce pays, il y avait un bois sombre, très sombre.
Dans ce bois, il y avait un château sombre, très sombre.
Devant ce château, il y avait une porte sombre, très sombre.

Derrière cette porte, il y avait une salle sombre, très sombre.
Dans cette salle, il y avait un escalier sombre, très sombre.
En haut de cet escalier, il y avait un couloir sombre, très sombre.
Dans ce couloir, il y avait un rideau sombre, très sombre.

Derrière ce rideau, il y avait une chambre sombre, très sombre.
Dans cette chambre, il y avait une armoire sombre, très sombre.
Dans cette armoire, il y avait un coin sombre, très sombre.
Dans ce coin, il y avait une boîte sombre, très sombre.

Et dans cette boîte, il y avait… UNE SOURIS !

Ruth Brown, Gallimard, 1986.

L'histoire est d'abord lue par l'enseignant. Après écoute, les élèves sont invités à dire en quoi le présent texte partage les caractéristiques du genre « histoire répétitive ».

Pour affiner les remarques, le premier fragment du texte, affiché au tableau, est observé collectivement. Les trois autres sont étudiés individuellement. Les règles qui régissent le texte de Ruth Brown sont dégagées, les répétitions intentionnelles surlignées.

Il ne reste plus qu'à déterminer le thème, les personnages, les formules de l'histoire à écrire et à se donner des consignes d'écriture :

On commence par : « Dans ce…, il y avait… »
On imite Ruth Brown mais on ne prend pas toutes ses idées, on en cherche.

Apprendre à écrire, c'est en particulier s'approprier des règles d'écriture et être capables de les transférer à bon escient.
Les propositions des enfants sont organisées autour du lieu, des objets ou personnages, des qualifiants et des formules répétitives :

Lieu de départ	*Objets et personnages*	*Qualifiants*	*Formules*
une forêt	une cabane une chambre un trésor un livre un poisson	noire mystérieuse caché extraordinaire …	dans il y avait très très

Le choix collectif n'est opéré qu'après discussion, argumentation, justification.
La classe recherche une mise en page originale et ponctue le texte par imitation.

Dans cette forêt,
Il y avait une cabane très très noire.
Dans cette cabane très très noire,
Il y avait une chambre très très mystérieuse.
Dans cette chambre très très mystérieuse,
Il y avait un trésor très très caché.
Dans ce trésor très très caché,
Il y avait un livre très très extraordinaire

Et dans ce livre très très extraordinaire,
Il y avait… un poisson multicolore qui s'envola !

Quand la version écrite « oralisée » d'un passage du texte à produire est prête, le maître déclare : « *Vous me dictez ce que je dois écrire* ».
Les élèves voient l'enseignant écrire au tableau ou sur un chevalet devant lequel ils sont regroupés. Le maître énonce les mots un à un, au fur et à mesure qu'il les écrit, afin de souligner les rapports existants entre la parole et l'écriture.
Exemple de phrase à transcrire : « *Dans ce pays, il y avait une forêt très très sombre* ».
Les enfants dictent la phrase, fragment par fragment. Le maître peut s'interrompre après « une » et demander : « *Quel est le mot que vous me dictez maintenant ?* ». Lorsqu'une phrase est terminée, on vérifie que tous les mots ont été transcrits.

PLOUF !, UN ALBUM, UNE HISTOIRE EN OCTOBRE

6

PRÉSENTATION

Plouf ! est un album de Philippe Corentin paru à l'École des Loisirs en 1991. Plusieurs exemplaires de l'album sont mis à la disposition des élèves.

▲ Les raisons d'un choix

– Le thème, mythique, qui sera le thème porteur de l'année : **le loup**.

– L'histoire parodique d'un conte de tout temps et de partout : un loup sot, un puits, le reflet de la lune dans l'eau… Le loup de *Plouf !* est le cousin de celui d'Ésope et du *Roman de Renart*. En ce sens, il s'inscrit dans une lignée qui sera découverte au cours de l'année, avec le souci de faire partager aux élèves une culture, un imaginaire collectifs. Contes, mythes et légendes qui sont la mémoire sociale, la mémoire des peurs profondes et des façons de les dépasser, permettent à l'enfant de s'inscrire dans un patrimoine culturel et en même temps de dialoguer avec lui-même.

– Un auteur contemporain reconnu, un album au format original, une histoire aux multiples intérêts pédagogiques, particulièrement intéressante pour mettre en évidence l'interaction des personnages.

▲ Présentation du récit

Nous reprenons celle qu'en donne *La revue des livres pour enfants* (1) :

« *Un loup, tenaillé par la faim, plonge au fond d'un puits à la pêche au fromage. Par le mystère de la corde, de la poulie et du seau un défilé d'animaux se succéderont à sa place, abusés par leur naïveté.*

1. Laure Vincent, bibliothécaire, in *la revue des livres pour enfants*, n° 141, *La joie par les livres*, 1991.

Le format à l'italienne, utilisé dans toute sa hauteur est parfaitement adapté à la situation (hauteur et profondeur du puits). Une alternance d'illustrations pleine page et d'illustrations en médaillons évite la monotonie. Les personnages sont savoureux. Une malicieuse grenouille, postée en observateur, ne manquera pas d'interpeller les plus jeunes. Un album plein d'humour à savourer de la première à la dernière page. »

▲ Le récit et ses personnages

Pourquoi aborder les récits par le biais des personnages ?

Le schéma quinaire, largement utilisé dans les classes, est inopérant dans le cas présent et, d'une façon générale, trop abstrait : il traite des actions indépendamment des acteurs qui les accomplissent. Or, pour des enfants, la seule entrée naturelle dans le récit est le personnage. L'*intérêt* qu'ils prennent à la lecture est fonction de l'intérêt qu'ils prennent pour les personnages – parmi eux, singulièrement le héros, ce qu'il cherche (son but), comment il escompte l'obtenir (son plan), les moyens qu'il se donne pour y parvenir, leurs effets (le résultat).
Liée à l'intérêt suscité, la *compréhension* de l'intrigue dans sa continuité est dépendante de l'identification du protagoniste et du but qu'il poursuit ; de la saisie de l'articulation des programmes d'actions de tous les personnages relativement ou non au programme d'actions du protagoniste (comment, par exemple, la résolution positive du plan de l'un a des conséquences fâcheuses sur le destin de l'autre qui se voit ainsi contraint de se fixer un objectif qu'il n'avait pas prévu ; comment la mise en œuvre du plan de l'un nécessite le recours à l'aide de l'autre…).
Le constituant « but » joue à la fois de manière prospective et rétrospective un rôle central dans la saisie comportementale de l'ensemble des acteurs du récit et donc dans la capacité à résumer la trame de l'histoire. C'est donc le but qui a été choisi comme fondement du questionnement magistral.

La représentation schématique qui suit rend compte d'une analyse fondée sur les programmes d'action des personnages et leur interaction. C'est à partir de cette analyse que le questionnement sera mené [1].

1. *Cf.* C. Tauveron, *Le personnage. Une clef pour la didactique du récit à l'école élémentaire*, Delachaux et Niestlé, 1995.

LOUP
But principal : manger.
Plan 1 : attraper le fromage aperçu au fond du puits.
Résultat : chute au fond du puits, a froid et ne trouve pas le fromage, simple reflet de la lune.
→ ***But principal :*** *non atteint.*

mais déclenchement
→ ***But secondaire :*** *remonter.*

Plan 2 : profiter du croisement des cordes dans le puits pour attraper le cochon au passage.
Résultat : le cochon descend trop vite pour être attrapé.
→ ***But principal :*** *non atteint.*

Plan 2 : attirer au fond du puits un cochon qui se présente et profiter de sa descente pour remonter.
Résultat : le cochon descend, le loup remonte.
→ ***But secondaire :*** *atteint.*

COCHON
But principal : remonter.
Plan : attirer au fond du puits des lapins qui se présentent et profiter de leur descente pour remonter.
Résultat : les lapins descendent, le cochon remonte.
→ ***But principal :*** *atteint.*

LAPINS
But principal : remonter.
Plan : attirer au fond du puits le loup qui rôde encore dans les parages en se constituant eux mêmes comme appâts.
Résultat : les lapins remontent, le loup redescend.
→ ***But principal :*** *atteint.*

Plan 3 : descendre au fond du puits pour manger les lapins.
Résultat : les lapins sortent du puits.
Le loup est seul au fond du puits.
→ ***But principal :*** *non atteint.*
Situation *dégradée.*

▲ Objectifs généraux

Conduire l'élève à :

– Comprendre un récit en s'appuyant sur une unité sémantique plus large que la phrase : la séquence narrative et le(s) personnage(s) qui en est (sont) le centre.

– Se repérer dans le texte grâce aux balises qui indiquent les différentes phases de l'intrigue et grâce aux divers procédés de reprise des personnages qui dessinent leur parcours narratif.

– Observer les aspects matériels du texte : mise en page, rôle de la ponctuation.

– Écrire une suite de l'histoire pour la BCD.

– Élaborer des outils collectifs de référence : affiches sur les analogies morphosyntaxiques, le dialogue et ses marques, les verbes introducteurs du dialogue… en vue de travaux ultérieurs de production de textes.

▲ Organisation pédagogique

Travaux collectifs alternés avec des travaux de groupes et des travaux individuels pour un module de quatre semaines.

PLOUF !, UN ALBUM, UNE HISTOIRE EN OCTOBRE

7

À LA DÉCOUVERTE DE L'INTRIGUE

Le texte est présenté sur quatre séquences seulement afin de préserver l'intérêt que les enfants peuvent porter au déroulement de l'histoire. **Chacune de ces phases de travail porte sur une séquence narrative**. Comme *La maison à dormir debout*, le récit n'est pas *a priori* traité comme un objet de lecture mais comme occasion de construire des compétences pour la lecture.

▲ L'arrivée du loup

Objectifs

Conduire les élèves à :

– Passer de l'attente du lecteur (émission d'hypothèses de sens) à la réalité du texte (vérification des hypothèses).

– Prendre conscience des éléments nécessaires à l'amorce d'un récit (qui ? où ? quand ? pourquoi ?).

Durée

Environ quarante minutes.

Présentation de l'album

Les enfants remarquent le format insolite, les illustrations, le paratexte.

« *C'est un loup, il tombe, il a peur... Le titre c'est le nom du loup ! Il y a le nom de l'auteur. C'est un livre amusant. Sur la couverture le loup va se régaler, il est content...* ».

Lecture de la situation de départ

L'enseignant lit jusqu'à « *Ah ! Du bruit. Là-haut quelqu'un s'approche* ».

Les élèves peuvent vérifier les hypothèses émises à partir des illustrations : « *C'est bien un loup, il tombe comme on l'avait dit. On ne sait pas le nom du loup. On croyait qu'il allait se régaler mais il tombe dans le puits et en plus, il reçoit un seau sur la tête...* ».

Le texte agrandi est affiché au tableau. L'enseignant le relit en marquant des pauses après chaque phrase.

Le titre reste hermétique : *Plouf !* est écrit à côté de l'affiche ; les élèves doivent rechercher si le mot se trouve dans le texte. Malgré la différence minuscule/majuscule, il est aisément repéré. À la suite d'une relecture au cours de laquelle le texte est segmenté en mots, le mot « plouf ! » est contextualisé : c'est le bruit que fait le loup en tombant dans l'eau. L'enseignant attire l'attention sur le point d'exclamation et sa fonction.

Le résumé du début de l'histoire est établi collectivement avec le support d'un questionnement :

– De qui parle-t-on ?

– Où cela se passe-t-il ?

– Quand cela se passe-t-il ?

– Quel est le but du loup ?

– Que fait-il pour l'atteindre ?

– L'atteint-il ?

Anticipation sur la suite du texte

À partir de la phrase : « *Ah ! Du bruit. Là -haut quelqu'un approche* ».

> ENSEIGNANT – « *À votre avis qui va arriver ? Que va-t-il se passer ?* »
> ÉLÈVE – « *Un chasseur – un autre loup – une petite fille – un oiseau – un lapin...* »
> ÉLÈVE – « *Le loup va se noyer. Le chasseur va le tuer. Il va manger la petite fille. Son ami va le sauver à l'aide de la corde...* »

▲ L'arrivée du cochon et des lapins

Objectifs

Conduire l'élève à :

– Résumer une séquence narrative.

– Anticiper en utilisant les informations mémorisées.

– Observer les aspects matériels du texte : mise en page et ponctuation.

Durée

Deux séquences de trente à quarante minutes.

Deuxième séquence narrative : l'arrivée du cochon

– Reprise des idées essentielles contenues dans la situation de départ.

– Reprise des hypothèses émises (l'attente des enfants).

– Lecture de la deuxième séquence narrative par l'enseignant.

– Infirmation et/ou confirmation des hypothèses.

– Affichage du texte à la suite du premier.

– Segmentation en phrases.

– Remarques à propos des phrases longues ou courte. (Ne pas insister, il faut avancer dans l'histoire.)

– Remarques à propos de la mise en page du texte qui est découpé en fonction des illustrations.

– Repérage des signes de ponctuation (entre les phrases et à l'intérieur des phrases), première réflexion sur leur rôle.

– Relecture des deux séquences présentées par l'enseignant.

– Anticipation sur « *Ah ! Du bruit* ».

> ENSEIGNANT – « *Quelqu'un va arriver, qui ? Que va-t-il se passer ?* »
> ÉLÈVE – « *Un autre loup pour manger le cochon – le même loup – un oiseau – le fermier qui a perdu son cochon...* »
> ÉLÈVE – « *Le loup va enfin manger le cochon. Le fermier va tuer le loup. Le loup va encore tomber. Le cochon va se noyer...* »

Troisième séquence narrative : l'arrivée de la famille de lapins

Même déroulement que pour la séquence narrative précédente.

▲ Le retour du loup

Objectifs

Conduire l'élève à :

– Comparer la situation de départ et la situation finale du personnage principal. Comprendre rétrospectivement une histoire, c'est être capable de remonter à la source causale des actions, c'est, comme le souligne Barthes[1], « *établir deux ensemble limites, initial et terminal, puis explorer par quelles voies, à travers quelles transformations, quelles mobilisations, le second rejoint le*

1. R. Barthes, « Par où commencer », in *Poétique*, n° 1, Le Seuil, 1970.

premier ou s'en différencie : il faut en somme définir le passage d'un équilibre à un autre, traverser la " boîte noire " ».

– Reconstituer la logique de l'histoire présentée en quatre épisodes.

Durée

De trente à quarante minutes.

Activités possibles

– Résumé de la situation antérieure : Où en sommes-nous ?

– Reprise de l'attente des enfants : et maintenant que va-t-il se passer ?

– Lecture de la situation finale (appuyée par les illustrations).

– Retour sur le titre : il fait référence aux chutes répétées des personnages et notamment aux chutes initiale et terminale du loup au fond du puits.

– Retour sur l'histoire pour une vue d'ensemble : le héros au début, ce qu'il cherchait ; le héros à la fin, ce qu'il a obtenu… Il s'agit d'une histoire à structure cyclique qui laisse le loup dans un état en apparence inchangé – la bête a toujours faim – mais en réalité dégradé (il n'est pas facile de sortir d'un puits).

– Lecture du texte dans son entier par l'enseignant, à un autre moment de la journée.

PLOUF !, UN ALBUM, UNE HISTOIRE EN OCTOBRE

8

RE-CONNAISSANCE DE L'HISTOIRE

▲ Objectifs

Conduire l'élève à :

– Mettre en relation le contenu de l'histoire entendue au cours des séquences précédentes et l'écrit qui le transcrit (en ce sens, il s'agit d'une activité de reconnaissance et non de lecture authentique, qui impliquerait de la part de l'élève l'entrée dans l'inconnu et la construction du sens).

– Confronter ce qu'il affirme ou ce qu'il pense deviner avec ce que disent ses camarades et ce que propose l'enseignant.

– Diversifier ses stratégies de lecture.

On ne présente ici à titre d'exemple de démarche possible que le travail mené sur la troisième séquence narrative.

▲ Durée

De trente-cinq à quarante minutes. On ne compte pas dans cette durée, la réalisation de l'exercice écrit ainsi que la distribution des textes individuels.

▲ Organisation pédagogique

Groupe classe et recherches individuelles en alternance.

▲ Supports utilisés

– Extrait de *Plouf !* (troisième séquence narrative) écrit en script au tableau. Présence ou non d'illustrations agrandies.

– Cahier individuel de « Textes de lecture » où est collée l'histoire.

– Deux copies du texte par élève pour la réalisation d'exercices.

▲ Rappel de l'histoire mise en mémoire

Les enfants n'ont pas encore le texte sous les yeux.

• Quel est le personnage principal ?	• Quel est le but du cochon ?
• Quel est son but ?	• Qui arrive alors ?
• Que fait-il pour l'atteindre ?	• Quel est le plan du cochon ?
• Est-ce qu'il réussit ?	• etc.
• Qui arrive alors ?	
• Quel est le nouveau but du loup ?	
• Réussit-il ?	

▲ Présentation de l'activité proposée aux enfants

– *« Vous allez lire un extrait de Plouf ! en entier, presque tout seuls ».*

– Ouverture du tableau qui dévoile l'objet de lecture.

L'enseignant recopie au tableau l'extrait du texte de l'album de « *C'est un lapin. Une famille de lapins* » à « *Et attention à l'indigestion* ».

▲ Moment de lecture silencieuse individuelle

Consigne : « *Lisez ce texte très rapidement pour le situer dans l'histoire que vous connaissez. Attention ! Personne ne parle : ni les enfants, ni le maître.* »

Découverte personnelle d'indices porteurs de sens.

Questionnement propre à chaque enfant sans aucun commentaire.

▲ Recueil des remarques

Elles sont notées brièvement par l'enseignant sur une feuille :

« *C'est le passage du cochon – On voit des guillemets – C'est le passage des lapins – Il y a des phrases – Les personnages parlent – Il y a des phrases longues et des phrases courtes – On parle du loup – Il y a une question...* »

« *On croit que... On pense que... C'est peut-être... C'est sûrement...* »

▲ Moment collectif d'organisation à partir des idées émises

Les phrases

– Recherche des signes de ponctuation marquant la fin des phrases et mise en évidence par l'enseignant au moyen d'un feutre rouge.

– Dénombrement des phrases.

Les paroles des personnages

– Mise en évidence des guillemets et des signes de ponctuation propres au dialogue au moyen d'un feutre jaune.

– Remarques à propos des « ! » et des « ? » qui marquent la fin des paroles prononcées et/ou la fin d'une phrase (sans insister).

Relecture silencieuse du texte

Le but est de rechercher des unités porteuses de sens que l'on peut lire.
Phrases, groupes de mots, mots.

Mise en commun

L'enseignant fait alors pleinement partie du groupe.

EXTRAITS DE L'ÉCHANGE

Les enfants	L'enseignant
Elèves très concentrés.	– « *En essayant de suivre le déroulement de l'histoire, vous allez venir montrer ce que vous savez lire dans ce texte. Attention ! On lève la main sans dire ce que l'on va lire.* »
Un premier élève lève la main et vient montrer ce qu'il va lire. Il indique : « *C'est un lapin* ». dans le sens de la lecture.	L'enseignant souligne légèrement : « *C'est un lapin* ».
	– « *Recule un peu pour mieux voir tout le texte. Attention ! Vous lisez en même temps que Pierre. Pierre, tu lis bien fort.* »
Lecture de Pierre.	L'enseignant souligne définitivement la phrase dans le sens de la lecture.
Sabrina lève la main et vient montrer : « *lapins* » dans la deuxième phrase. La lecture du premier élève l'a aidée à lire ce mot.	– « *C'est bien, mais je voudrais que tu élargisses ta lecture à un groupe de mots. Ce mot seul ne nous apprend rien de nouveau. Tu peux en lire d'autres. Nous allons t'aider.* »
Sabrina montre alors « *Une... de lapins* ».	
– « *Dans le livre, on a vu plusieurs lapins. C'est un groupe de lapins.* »	– « *Attention, vous lisez* " Un groupe de lapins ? " *Regardez : Un. Une.* »
– « *Ce n'est pas* " Un groupe ". *Ce n'est pas possible. Il y a* " Une ". »	Exploitation de l'erreur.
– « " Camille " *on sait le lire. C'est un prénom affiché* ». Un élève trouve « *famille* ».	– « *J'écris à côté du texte* " Camille " " famille ". » – « *À présent Sabrina, tu lis cette deuxième phrase que j'ai soulignée légèrement. Tu recules pour voir tout le texte. Vous suivez tous attentivement.* »
– « *Une famille de lapins.* » Des enfants remarquent le « *s* » alors qu'il n'apparaît pas dans la première graphie.	– « *C'est une très bonne remarque. Je vais écrire* " un lapin " " une famille de lapins ". »

Les élèves repèrent au fil du texte les éléments qu'ils savent lire. Sont ainsi découverts les groupes suivants transcrits dans l'ordre de leur émission.	L'enseignant souligne les éléments lus, au fur et à mesure, dans l'ordre où ils sont proposés. Malgré le rappel de la règle : « Suivre le sens de l'histoire », des élèves moins experts identifient mots ou groupes de mots sans en tenir compte. Leurs propositions sont acceptées.
– « *C'est un lapin. Une famille de lapins. Le cochon – la père lapin – le lapin – le cochon.* *Je suis bien ici. Je (5 fois) – le cochon – monsieur le lapin – les puits – Un puits à quoi ? Un puits – dans un puits – il y fait trop chaud. Les lapins – dit le cochon.* »	
	Au cours de ces recherches, la présence de l'adulte se fait discrète. Cependant un questionnement précis permet de lire d'autres éléments qui font progresser la compréhension : – « *Qui parle en premier ?* » – « *Qui se cache derrière* " Je " *? Qui parle ?* » – « " Il y fait " *cela ne veut rien dire. Je complète et je souligne le groupe de sens :* " Il y fait trop chaud ". »
– « *Une famille de lapins est arrivée. Le cochon dit qu'il est bien dans le puits mais qu'il y fait trop chaud. Les lapins et le cochon discutent beaucoup. Le cochon ment. Il a froid, il n'est pas content. Quel menteur !* »	Inviter les enfants à une phase de réflexion. – « *Qu'avez-vous compris ?* »
– « *Il veut que les lapins le sortent du puits.* » – « *On s'en souvient il va remonter dans le seau et les lapins vont descendre.* »	– « *Que se passe-t-il ? Quel est le but du cochon ?* » Faire argumenter et justifier les réponses.
	– « *Lisons ensemble d'autres groupes de sens. Je lis la troisième phrase :* " Ah, ça ! Mais qu'est-ce que tu fais là ? " » « *Pouvez-vous lire le mot qui indique ce que fait le père lapin ?* »
– « *On voit man comme dans maman et deux fois de. On peut lire* " demande le père lapin " ? »	– « *J'écris à gauche du texte :* " maman ", " demande ". » « *C'est bien. Je relis la deuxième et la troisième phrase.* »

– « *Je joue. Je m'amuse. Je nage Je fais le fou. Je ris...* »	– « *Que peut bien faire le cochon dans le puits ? Il dit :* " Eh ! Je suis bien ici " ». « *Rappelez-vous qu'il y a de l'eau dans le puits !* » – « *Vous avez de bonnes idées. Je les écris.* » – « *Cherchons les actions du cochon qui sont écrites dans le texte et que vous avez proposées.* »
– « *On ne garde que* " Je nage " *et* " Je m'amuse ". »	
	– « *Je vais vous aider à les lire ou vous les lire : page (mot connu des enfants), nage, plonge.* »
– « *Les deux mots* " nage " *et* " plonge " *ont la même fin.* »	– « *Que peut-on faire encore dans l'eau On nage, on...* »
– « *On plonge ! Le cochon dit* " je nage, je plonge ". »	Lecture de la phrase : « Je me baigne, je nage, je plonge ». – « *Qu'est-ce qui pourrait bien attirer les lapins dans le puits ?* »
– « *Il y a de l'eau. Oui mais les lapins ne se baignent pas. Ils veulent manger quelque chose. Tous les personnages sont tous gourmands. Ils ne font attention à rien ! Les lapins aiment les carottes. On a lu* " Bon appétit monsieur lapin " [1]. *Le cochon leur tend un piège.* »	
– « *On voit* ca *au début du mot comme dans* Camille. » – « *On peut lire* " puits à carottes " *trois fois. C'était bien des carottes !* »	– « *Vérifions ce que vous dites. J'écris :* Camille *(prénom référence de la classe affiché)*, carottes. »
	– « *Je lis :* " Comment descend-on ? " »
– « *Je peux lire* " descendre ", *tu as lu* " descend " *c'est un mot presque pareil.* »	– « *C'est bien. Relisez cette longue phrase silencieusement et vous trouverez ce qu'il faut faire* " Pour descendre dans un puits à carottes ". »
– « *On a dit que les lapins sont au bord du puits. Ils peuvent descendre avec la corde ou avec le seau.* »	

1. CL. Boujon, l'École des loisirs, 1985.

– « Les lapins descendent. » « *On a déjà lu ce mot écrit autrement.* »	– « *Lisez la phrase suivante silencieusement.* » – « *Oui : descend – descendre – descendent appartiennent à la même famille de mots. Nous y reviendrons. En attendant je les note au tableau.* »
– « *On voit plusieurs fois les deux lettres* o *et* n *ensemble.* »	– « *Pour ces deux lettres, c'est une bonne remarque que nous reprendrons.* »

L'appropriation d'un texte par des élèves de CP, et d'une manière générale par tout élève, suppose que l'enseignant ait des objectifs clairs et que, dans la mise en œuvre, il évite un certain nombre d'écueils (*cf.* fiche 10).

En ce qui concerne plus particulièrement les extraits de l'échange rapporté ci-dessus, doivent être notés :

– la dynamique de la séquence (équilibre entre activités de recherche, de questionnement et de synthèse) ;

– le souci de l'enseignant de tirer parti de l'erreur, de diversifier les stratégies de chaque élève, de mettre en œuvre une pédagogie différenciée en dosant la difficulté des questions en fonction des capacités des élèves ;

– la mobilisation du capital individuel et collectif pour identifier les unités du texte sans perdre de vue le sens général ;

– le dosage entre ce qui peut être découvert par les enfants et ce que doit fournir l'enseignant afin que le moment de lecture ne se transforme pas en exercice stérile de devinette.

Réappropriation du texte dans son entier

– Relecture silencieuse du texte par les enfants et l'adulte qui participe.

– Questionnement pour vérifier la bonne compréhension du texte.

– Justification des réponses sur le texte écrit au tableau.

Exemple :

> ENSEIGNANT – « *Quel animal arrive au bord du puits ?* »
> ÉLÈVE – « *C'est un lapin* ».
> ENSEIGNANT – « *Viens le justifier au tableau* ».
> (L'élève montre le groupe de sens, prend du recul et lit.)

Remarque : Bien veiller à ce qu'un élève différent de celui qui avait identifié le groupe de sens lors de la découverte du texte donne la réponse. Les élèves les moins experts sont sollicités en premier.

Exercice oral

Vérification de la compréhension :

– lecture oralisée de l'adulte avec arrêts (veiller aux groupes de sens),

– repérage par les élèves de l'endroit où l'adulte s'est arrêté.

Distribution du texte individuel

À coller dans le cahier de « textes de lecture ».

Exercice écrit

– Distribution du texte photocopié à chaque enfant.

– Surlignage des paroles prononcées par le père lapin.

– Copie de ces paroles sur le cahier de français.

OCCUPATION POSSIBLE DE L'ESPACE TABLEAU

• *Référence aux outils collectifs affichés puis lecture par analogie au niveau du code :*

– Camille – maman

– famille – demande

– Camille – nage

– carottes – page

– plonge

• *Référence aux mots connus (dictionnaire de la classe et/ou textes affichés) :*
lapin – cochon – monsieur – père
Je – suis – bien – ici – quoi – dans – tous

• *Contexte*

seau
puits
nage – plonge
descendre

• *Culture*

Des histoires de lapins et de carottes

TEXTE D'ÉTUDE

– Ce qui a été découvert par les enfants seuls, est souligné une fois.
– Ce qui a été lu par les enfants avec aide de l'enseignant, est souligné deux fois.
– Ce que l'enseignant a lu aux enfants n'est pas souligné.

Vers des références collectives

• *La notion de nombre :*

un lapin
le père lapin
une famille de lapins
une carotte
un puits à carottes

• *Enrichissement d'un outil collectif :*

Le présentatif : c'est
C'est l'histoire d'un loup.
C'est un cochon.
C'est un lapin.
…
…
…

• *Une famille de mots*
descendre
On descend
Les lapins descendent

PLOUF !, UN ALBUM, UNE HISTOIRE EN OCTOBRE

9

LA DÉCOUVERTE DE TEXTE EN DÉBUT DE CP

▲ La construction du sens

Elle est fondée sur :

– la culture personnelle de chaque enfant ;

– la connaissance du contexte : ce que l'on sait du sujet abordé donc ce que l'on peut attendre de l'objet à lire (mémorisation, anticipation) ;

– les indices qui permettent d'obtenir une ou plusieurs réponses : illustrations, organisation du texte, identification de mots connus et de mots nouveaux (grâce au contexte ou par analogie).

Les enfants font peu de remarques relevant de la combinatoire en début d'année. Ils s'appuient principalement sur le sens. Jusqu'au milieu du deuxième trimestre, l'objectif n'est pas que les élèves puissent lire tous tout le texte, mais qu'ils mettent progressivement en place un comportement de lecteur.

▲ Mode de conduite de la séquence

Démarche d'approche du texte

Il est essentiel de bien préciser aux élèves la nature et les objectifs de la tâche qui va leur être proposée.

Le texte est abordé dans sa linéarité. Les élèves identifient, interprètent les éléments du texte. L'enseignant n'accepte que *les remarques qui concourent à la construction du sens*. Chaque groupe de mots dont le sens a été perçu est souligné. Pour les élèves les moins experts, on admet les suggestions justes mais dispersées sur l'espace du texte.

On essaie cependant toujours de *ramener sans cesse l'attention sur l'ensemble organisé*.

L'enfant qui pense avoir reconnu une unité de sens lève la main. Il vient indiquer ce qu'il va lire au tableau. À la demande de l'enseignant, il prend du recul pour avoir le texte intégral dans son champ visuel. Il lit alors ce qu'il a reconnu et l'enseignant souligne ce qui vient d'être lu. Un autre élève lève la main et ainsi de suite…

Le groupe, dont fait partie l'enseignant, aide à identifier des mots nouveaux qui entraîneront la lecture de groupes de mots ou de phrases. On utilise pour cela les outils collectifs affichés, le contexte, ce que l'on sait du sujet… Les outils auxquels les élèves ont recours doivent être constitués comme une banque accessible de données classées, non redondantes et évolutives.

Toutes les propositions sont discutées collectivement : chaque enfant qui propose une interprétation doit *argumenter sa proposition. Le groupe l'aide éventuellement à corriger, préciser, reformuler…*
Tout ce qui n'a pas pu être découvert par les enfants est lu par l'enseignant.

En fin de séquence, certains enfants auront compris tout le sens du texte. D'autres en seront restés à une compréhension parcellaire. Chacun s'approprie ce qu'il peut s'approprier selon ses compétences du moment.

Selon *le type de texte* et *le calendrier*, enfin, les découvertes seront conduites de *manière différente*, ce que nous montrerons dans une fiche ultérieure.

Tous les textes ne sont pas forcément prétextes à l'étude d'un phonème.

Relations élèves/maître

Le travail est conduit *collectivement* mais *chaque enfant est pris en compte avec ses compétences et ses stratégies*. L'élève moins expert s'enrichit de ce que l'élève plus expert lit.

Le rôle de l'enseignant est déterminant : il stimule, questionne, donne des clés, diversifie ses conduites d'aide à l'apprentissage, sollicite *en premier les élèves en difficulté*. Il fait partie intégrante du groupe de lecture. Au cours de l'année, il se place plus *en retrait* et *s'efface progressivement.*

Attitude du maître

Les séquences sont à conduire avec beaucoup de *dynamisme* pour éviter la lassitude.

Il est important pour l'enseignant d'occuper l'espace de manière réfléchie :

– *à gauche du texte* pendant la découverte afin de montrer aisément les groupes dans le sens de la lecture ;

– *au fond de la classe* pour la dernière lecture globalisante.

UNE SEMAINE D'ACTIVITÉS
AUTOUR DE LA DÉCOUVERTE D'UNE SÉQUENCE NARRATIVE

<table>
<tr><th></th><th>Lundi</th><th>Mardi</th><th>Jeudi</th><th>Vendredi</th><th>Samedi</th></tr>
<tr><td rowspan="2">Matin</td><td rowspan="2">• Découverte d'un passage de l'histoire Plouf ! pour en comprendre le sens (40 à 50 min).

• Exercice écrit : surlignage des paroles prononcées par le père lapin.

• Calligraphie (15 min) : copie de ces paroles sur le cahier de français.</td><td colspan="4">Conduire les enfants à s'approprier le texte en organisant des activités courtes et variées autour des faits de langue qui lui sont propres.</td></tr>
<tr><td>• Activité centrée sur la notion de phrase pour prendre conscience qu'un texte s'ordonne (40 min).

• Exercice écrit : lecture puzzle, remise en ordre des phrases du dialogue (attribuer le bon numéro à des phrases du dialogue proposées dans le désordre).

• Calligraphie (15 min) : copie des phrases du dialogue dans le bon ordre.</td><td>• Activité centrée sur la compréhension pour apprendre à identifier un dialogue et reconnaître « qui parle » (40 min).

• Exercice écrit : surlignage des paroles prononcées par le cochon.

• Calligraphie (15 min) : copie des dernières paroles prononcées par le cochon.</td><td>• Activité autour d'une grammaire implicite : la phrase interrogative. Travail oral.
Observation de l'oral puis de l'écrit (40 min).

• Exercice écrit : surlignage des phrases supports d'activités.

• Calligraphie : copie de ces trois phrases.</td><td>• Activité autour d'une grammaire implicite : Les groupes fonctionnels dans une phrase (40 min).

• Exercice écrit : reconstitution de la phrase de différentes façons.

• Calligraphie : copie d'une phrase reconstituée.

• Activité centrée sur le code : travail sur la liste des prénoms, connus des élèves. Repérage de ceux où l'on voit la lettre A ou a et où l'on entend le phonème [A] (30 min).

• Calligraphie de ces prénoms.</td></tr>
</table>

	Lundi	Mardi	Jeudi	Vendredi	Samedi
Après-midi	• **Analyse du phonème** [A] (*30 min*). Pas de trace écrite.	• **Repérage des graphies** du phonème [A] (*30 min*). • **Exercice écrit :** repérage de la lettre A ou a dans le texte de référence à l'aide de croix.	• **Travail sur la lettre** A (*30 min*). • **Exercice écrit :** repérage des mots du texte dans lesquels on voit la lettre a ou A. • **Calligraphie** (*15 min*) : copie des mots dans lesquels on voit la lettre A ou a.	• **Moment de synthèse** (*40 min*) Travail sur le texte qui précède le passage découvert le lundi et qui est connu des enfants. • **Exercices écrits :** repérage des mots de ce texte **dans lesquels on voit la lettre a ou A**. **Repérage des mots dans lesquels on entend le phonème [A].** Remarques. • **Calligraphie** (*15 min*) : copie des mots dans lesquels on voit la lettre A ou a et dans lequel on entend le phonème [A].	

Il ne s'agit que d'un exemple de répartition des activités autour du texte lu, en l'occurrence ici la troisième séquence narrative de *Plouf !*, déjà présentée. On trouvera le développement de certaines des activités dans les fiches suivantes.

PLOUF !, UN ALBUM, UNE HISTOIRE EN OCTOBRE

10

LA SYNTAXE DE LA PHRASE

▲ Activités autour des phrases interrogatives

– Distribution d'un exemplaire du texte à chaque élève.

– Surlignage des phrases interrogatives.

▲ Activités de lecture rapide et sélective

– Utilisation du cahier de textes de lecture.

– Consigne de l'enseignant : « *Écoutez bien la phrase que je vais* ***dire deux fois****. Elle n'existe pas dans le texte mais vous y trouverez tous les groupes de mots ou mots pour l'écrire. Attention !* »

Le cochon nage dans un puits à carottes.

– Les enfants recherchent dans le texte des groupes de mots ou mots isolés, les recopient pour former la phrase demandée.

– L'enseignant écrit la phrase, chaque élève compare sa phrase à celle proposée par l'enseignant.

– Les erreurs sont analysées (par exemple, « *le* » est en début de phrase sans majuscule…).

▲ Grammaire implicite

Le groupe sujet et le groupe verbal

– L'enseignant lit la phrase suivante : « *Les lapins descendent* ».

– Les élèves retrouvent et surlignent cette phrase sur leur copie du texte.

– La phrase écrite sur une étiquette grand format est affichée.

– Travail oral de substitution sur le verbe puis sur le groupe sujet.

– Même démarche à partir de la phrase :

Le cochon remonte.

– Appariement des groupes sujets et des groupes verbaux :

Le cochon	redescendent
Les lapins	remonte

– Calligraphie de ces deux phrases sur le cahier de français.

La mobilité des groupes

Une phrase est découpée en trois blocs :

Pour descendre dans un puits à carottes / monsieur le lapin / on prend le seau.

Travail collectif et oral :

– Essai de permutation des groupes.

– Réduction de la phrase tout en lui préservant un sens. On obtient la phrase minimale: « *On prend le seau* ».

Travail individuel :

– Chaque élève opère individuellement le découpage en trois blocs et les manipulations précédentes.

– Il lit chaque phrase obtenue.

La ponctuation de la phrase

– Remarques à propos de la majuscule lorsqu'on déplace les groupes.

– Distribution d'une double série d'étiquettes.

monsieur	le lapin	Monsieur
pour	descendre dans un puits à carottes	Pour
on prend	le seau	On prend
,	.	,

– Les élèves doivent reconstruire des phrases acceptables, ponctuées correctement.

– Calligraphie d'une phrase possible en veillant bien à l'utilisation de la majuscule et des signes de ponctuation.

L'album dans son entier peut être l'occasion de construire bien d'autres compétences que celles qui sont notées dans la fiche 10 consacrée à l'étude de la troisième séquence narrative. Nous les développons dans les fiches qui suivent.

PLOUF !, UN ALBUM, UNE HISTOIRE EN OCTOBRE

11

LA COHÉRENCE DU RÉCIT

▲ Objectif

Conduire l'élève à repérer la chronologie de l'histoire et la progression de l'information.

▲ Durée

Deux séquences de trente minutes et une séquence de quarante minutes.

▲ Supports utilisés

Illustrations de l'ouvrage dans un format réduit, étiquettes sur lesquelles sont écrites les clés d'entrée des quatre principaux moments de l'histoire (« *Ah ! Du bruit...* »), tableau où sont affichés les quatre textes et les illustrations agrandies.

Un exemplaire du texte entier pour chaque enfant (pour découpage, reconstitution…).

▲ Activités possibles

L'arrivée des personnages (de 25 à 30 minutes)

L'enseignant relit la première phrase du récit afin de faire démarrer l'activité.

Mise en ordre des illustrations (formats réduits) où apparaissent les personnages à la margelle du puits (loup, cochon, lapins, loup) : travail individuel ou à deux.

Lecture silencieuse des étiquettes sur lesquelles sont écrites les phrases introduisant les séquences narratives.

Voilà, c'est l'histoire d'un loup qui a très faim, mais alors très, très faim.	Ah! Du bruit. C'est un lapin. Une famille de lapins.

... ...

Attribution des étiquettes à chaque illustration (activité individuelle).

Vérification au tableau : on reprend collectivement la chronologie de l'arrivée des personnages en lisant le texte affiché avec l'aide de l'enseignant.

Exploitation des erreurs : d'où proviennent-elles ? Comment faire pour y remédier ?

La partie dynamique du récit

• **Première séquence** (25 minutes)

– Mise en ordre des illustrations photocopiées (formats réduits) représentant la progression des événements (le loup à la margelle du puits, le loup au fond du puits, l'arrivée du cochon, la descente du cochon, la remontée du loup, le cochon au fond du puits, l'arrivée des lapins, la descente des lapins et la remontée du cochon, les lapins au fond du puits, l'arrivée du loup, la descente du loup et la remontée des lapins, le loup au fond du puits avec le seau sur la tête). Travail individuel ou à deux.

– Attribution des étiquettes, utilisées précédemment, aux illustrations correspondantes. Il s'agit ici de permettre de retrouver les clés d'entrée des séquences narratives et de les placer au bon moment.

– Vérification au tableau avec l'aide de l'enseignant (illustrations, textes affichés, album).

– Élaboration d'un schéma simple par collages des illustrations et des phrases introduisant les séquences narratives, pour ancrer la progression des informations.

• **Deuxième séquence** (de 30 à 40 minutes)

– Lecture de l'histoire dont on a interverti les séquences. Il s'agit de repérer pourquoi le texte n'est pas recevable et ce qu'il convient de faire pour qu'il retrouve sa cohérence. L'exercice est important parce qu'il permet de souligner l'enchaînement obligé de l'arrivée des personnages.

– Découpage individuel du texte manipulé et remise en ordre. Une aide personnalisée est apportée aux lecteurs moins experts. Explicitation des erreurs.

La situation de départ et la situation finale (de 30 à 40 minutes)

Rappel du début de l'histoire et de la fin grâce à un questionnement proposé par l'adulte : « *De qui parle-t-on ? Où cela se passe-t-il ? Quel est le but du loup ?*

Que voit-il au fond du puits ? Que lui arrive-t-il alors ? Peut-il manger tout de même ? Que reçoit-il sur la tête ? »

Élaboration d'un tableau illustré ou non à partir des réponses des enfants :

Le début de l'histoire		*La fin de l'histoire*	
Qui ?	C'est l'histoire du loup	Qui ?	Le même loup
Où ?	Au bord du puits	Où ?	Au bord du puits
Quand ?	Le soir	Quand ?	Il fait presque jour
Quel est le but du loup ?	Il veut manger	Quel est le but du loup ?	Il veut toujours manger
Que voit-il au fond du puits ?	Un fromage	Que voit-il au fond du puits ?	Une famille de lapins
Que lui arrive-t-il alors ?	Il tombe au fond du puits	Que lui arrive-t-il alors ?	Il tombe encore au fond du puits
Peut-il manger tout de même ?	Non	Peut-il manger tout de même ?	Non
Que reçoit-il sur la tête?	Le seau	Que reçoit-il sur la tête?	Le seau se casse

Comparaison des deux situations : les problèmes du loup sont les mêmes et de plus, le seau, aide précieuse, est cassé… Un conte cyclique par excellence avec dégradation de la situation.

PLOUF !, UN ALBUM, UNE HISTOIRE EN OCTOBRE

12

DES PROCÉDÉS DE REPRISE

▲ Objectif

Conduire l'élève à suivre au fil du texte les *désignateurs* d'un personnage pour repérer et analyser les différents procédés de reprise assurant, parmi d'autres procédés, la cohésion du texte.

L'accent mis sur les reprises de personnages répond à un double souci :

– travailler une des composantes de la lecture efficace ;

– construire des savoirs qui seront réutilisables dans la production d'écrits.

Les élèves les plus jeunes, les mauvais lecteurs en général, ne parviennent pas à entrer dans une histoire à personnages multiples parce qu'ils ont du mal à saisir les acteurs en présence :

– les désignateurs successifs (nom propre, groupes nominaux, pronoms...) d'un personnage donné conduisent parfois à voir une prolifération de personnages distincts ;

– le référent des pronoms n'est pas toujours identifié de manière correcte.

En écriture, les moyens de reprise utilisés par les enfants sont réduits : répétition du nom propre ou utilisation massive du pronom personnel, dangereuse car créatrice d'ambiguïtés lorsqu'il y a dans le récit plusieurs personnages du même sexe.

L'inventaire des reprises dans les récits lus doit permettre de montrer aux élèves qu'il existe plusieurs procédés de reprise et que leur choix repose toujours sur une analyse du contexte.

▲ Durée

Cinq séquences de quinze à trente minutes.

▲ Matériel utilisé

Tableau avec les quatre textes affichés ainsi que les illustrations, aimants de couleur, surligneurs.

Outil collectif sous forme de tableau pour les désignateurs.

▲ Activités possibles

Parcours linguistique

• Personnage principal : le loup
(de 25 à 30 minutes)

– Lecture oralisée de l'histoire par l'enseignant. Les élèves doivent lever la main lorsque des éléments du texte désignent le loup. Cette lecture est pratiquée très lentement. Les élèves n'ont pas le texte sous les yeux.

– Travail sur le texte écrit avec arrêts systématiques pour trouver qui se cache derrière les mots : « il – lui – celui qui… ». Des aimants de couleur marquent les substituts rencontrés. Ils sont remplacés ensuite par un surlignage.

– Liste des désignateurs consignée au tableau.

– Approche de la différence entre « un loup » et « le loup ».

> ÉLÈVE – *« Un loup, c'est n'importe lequel. On ne le connaît pas. Le loup, c'est celui de Plouf !. On le connaît déjà. Ce n'est pas n'importe quel loup ».*

• Les autres personnages : le cochon et la famille de lapins
(20 minutes)

Même démarche que ci-dessus. On adopte des couleurs différentes pour les différents personnages.

Traitement spécifique du pronom « il » qui ne désigne personne

(15 minutes)

Recherche de ce « pronom » dans le texte : « Il fait presque jour. Il fait frais. Il y a un gros fromage ».

Élaboration d'un outil collectif de synthèse, évolutif

(20 minutes)

Cet outil, affiché en classe, s'enrichira d'autres titres et d'autres substituts en cours d'année (*Cf.* tableau ci-après).

Titre de l'histoire	*Les personnages*		
Plouf !	Illustration correspondant au portrait	Un loup Le loup Le loup du début	il se celui qui qui
	"	Un cochon ce cochon	il lui quelqu'un
	"	Un lapin une famille de lapins le lapin plein de lapins	

Exercice écrit

(de 20 à 25 minutes)

– Distribution du texte suivant écrit en script par l'enseignant :

Voilà, c'est l'histoire ——————- qui a très faim. ————- voit un fromage au fond d'un puits. Il tombe dans l'eau, ——- est trempé. Là-haut, un cochon s'approche et demande comment il peut descendre. « Tu t'accroches à la corde », dit ——.	le loup Il d'un loup il

– Moment de lecture silencieuse pour s'approprier le texte.

ENSEIGNANT – « *Qu'avez-vous à me dire sur ce texte ?* »
ÉLÈVE – « *C'est l'histoire du loup. Il manque des mots* ».
ENSEIGNANT – « *Combien de mots ou groupes de mots manque-t-il ? Qu'ai-je mis à la place des mots ? Pourquoi ? (*Bien faire la différence entre : écrire sur un trait et écrire au-dessus du trait en cas de soulignage*). Où se trouvent ces mots ?* »
ÉLÈVE – « *Dans la colonne, à droite* ».
ENSEIGNANT – « *Vérifions si nous avons autant de mots ou groupes de mots que de traits* ».

Lecture silencieuse de ces mots.

ENSEIGNANT – « *Attention, les mots ne sont pas écrits dans le bon ordre ! Pour savoir quel groupe de mots ou mot choisir, vous allez tout d'abord bien lire chaque phrase* ».

– Réalisation de l'exercice et correction.

PLOUF !, UN ALBUM, UNE HISTOIRE EN OCTOBRE

13

LE DIALOGUE

▲ Objectifs

Conduire l'élève à :

– Repérer certains procédés utilisés dans un récit pour donner la parole aux personnages.

– Améliorer sa lecture oralisée en travaillant les intonations adéquates.

– Élaborer pour l'écriture, des outils collectifs autour du dialogue : ses marques, les verbes introducteurs.

▲ Matériel utilisé

Au tableau, le texte intégral, agrandi, affiché. Texte intégral individuel photocopié.

▲ Repérage des dialogues et de leurs marques spécifiques

(2 séquences de 30 minutes)

L'enseignant lit le texte à haute voix, les élèves doivent lever la main lorsqu'un personnage s'exprime. L'intonation permet également de repérer collectivement où s'engage et où prend fin le dialogue.

Chaque enfant repère ensuite individuellement les passages dialogués sur le texte photocopié.

Le premier dialogue rencontré permet d'ajouter le point d'exclamation et les points de suspension (dont on indique le plus simplement possible la fonction) à l'ensemble des signes de ponctuation déjà connus (le point, la virgule, le point d'interrogation).

Les guillemets font l'objet d'une attention particulière : « *On ouvre les guillemets vers la droite lorsqu'un personnage parle, on ouvre les guillemets vers la gauche lorsqu'il a fini de parler* ».

Les élèves sont invités à surligner les guillemets du premier dialogue et à écrire des guillemets à partir de la consigne : « *Ouvrez les guillemets, fermez les guillemets* ».

▲ Les verbes introducteurs : qui parle ? de quelle manière ?

(2 séquences de 25 minutes)

Dans les séquences dialoguées, les paroles de chaque animal sont surlignées à l'aide des couleurs qu'on leur a attribuées lors du travail sur les reprises. On remarque que les paroles sont le plus souvent accompagnées : d'un verbe qui indique comment sont prononcées ces paroles et d'une indication sur l'auteur des paroles.

Les verbes qui accompagnent la prise de parole sont relevés individuellement par les élèves : « *s'étonner – dire – demander – s'exclamer – hurler – s'énerver – dire – ricaner – rétorquer – répondre – s'esclaffer* » et retranscrits au tableau dans leur forme verbale initiale.

Pour préparer la lecture oralisée, l'enseignant propose des paroles et un verbe introducteur, les élèves doivent adopter l'intonation correspondante.

Exemple : « Tu es bien gourmand, loup », (s'énerve, ricane, s'étonne) la grenouille.

Inversement, l'enseignant prononce des paroles avec une certaine intonation. Les élèves doivent choisir un verbe introducteur convenable.

Un travail est ensuite entrepris sur les différentes façons de noter le volume de la voix qui aboutit à la mise au point d'un tableau (en l'état, fort incomplet, et approximatif) qui sera complété et affiné au fil des rencontres en cours d'année :

	Parler		
	doucement	*d'un ton neutre*	*fort*
Plouf !	Le cochon s'étonne. Il ricane.	Il dit. Le lapin demande. Le loup rétorque. Le lapin répond.	Le cochon hurle. Le lapin s'exclame. Il s'énerve. Le loup ricane. Il s'esclaffe.

▲ Place des verbes introducteurs et ponctuation (30 minutes)

Dans les dialogues du texte, la proposition qui accompagne le dialogue se situe après la prise de parole. On observe dans d'autres textes rencontrés qu'elle peut se situer avant.

On essaie oralement de la déplacer avant la prise de parole :

« Que deviens-tu lapin ? » ricane le loup → Le loup ricane : « Que deviens-tu lapin ? »

On note la différence de ponctuation. Les deux possibilités sont inscrites sur une affiche « Dialogue » comme référence, pour un usage ultérieur. Le travail sera complété en cours d'année lorsqu'on rencontrera la possibilité de la proposition incise (« Je ne pense pas, dit-il, que tu reviendras ») et lorsqu'on observera des dialogues à nombreuses réparties et leurs présentations variées selon les auteurs et les éditeurs.

Exemple :

1 « -----------------------	2 « --------------------- »	3 – -----------------------
– -------------------------	« ------------------------ »	– -------------------------
– ----------------------- »	« ------------------------ »	– -------------------------

Des étiquettes sur lesquelles sont écrites des paroles rapportées et des verbes introducteurs sont appariées (la ponctuation est l'indicateur à prendre en compte) :

ricane le loup.	« Que deviens-tu, lapin ? »,	
« Où es-tu loup ? »	Le loup ricane :	« Que deviens-tu, lapin ? »
demande le lapin.	Le lapin demande :	« Où es-tu loup ? »,

▲ Des interjections et des onomatopées (30 minutes)

L'enseignant relit le texte, les élèves doivent l'arrêter chaque fois qu'ils perçoivent des *cris* ou des *bruits*. La liste de ces *cris* et *bruits* est dressée :

Les cris : « Ah ! Eh ! Ah, ça ! Hi, hi ! Oh, là, là ! Taratata ! Mais si ! C'est ça ! hein ? Ouf ! Ouïlle ! »

Les bruits : « Patatras ! Hop ! Brrr ! Plouf ! Boum ! »

Sur chacun d'eux, un jeu d'intonation est organisé (selon le contexte l'onomatopée, l'interjection peut marquer l'espoir, l'étonnement, la peur, la colère…). Un enfant mime une situation, l'enseignant fait entendre des bruits enregistrés, le reste de la classe doit trouver une onomatopée correspondante.

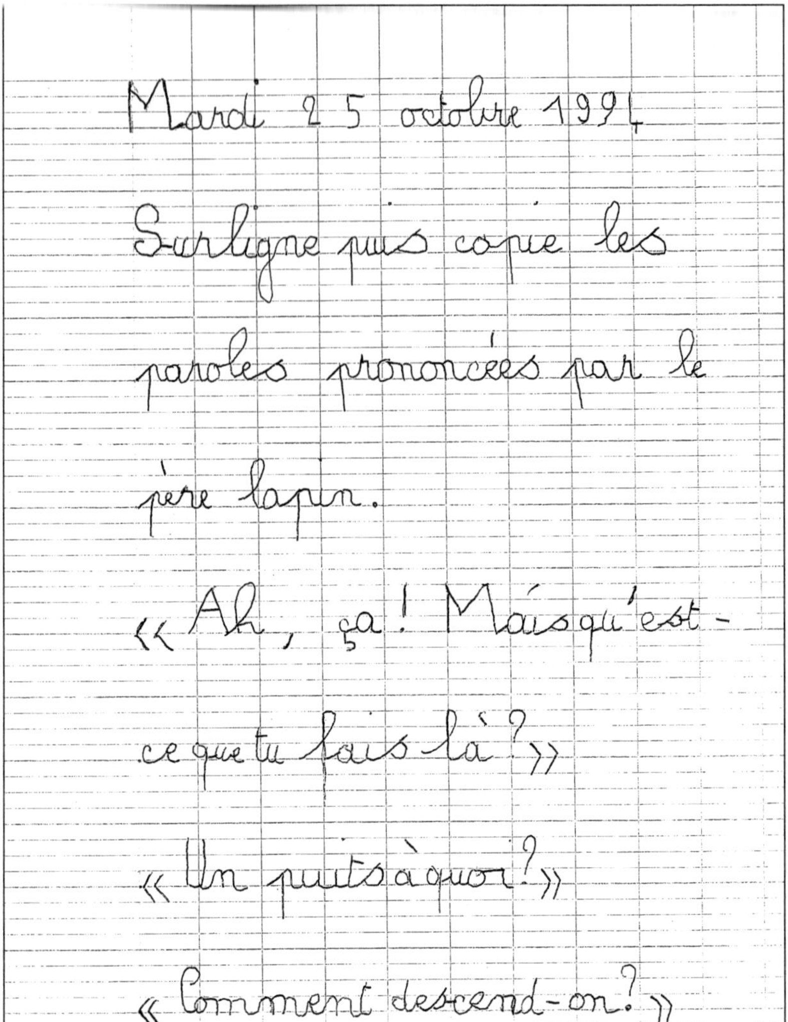

Mardi 25 octobre 1994

Surligne puis copie les paroles prononcées par le père lapin.

« Ah, ça ! Mais qu'est-ce que tu fais là ? »

« Un puits à quoi ? »

« Comment descend-on ? »

PLOUF !, UN ALBUM, UNE HISTOIRE EN OCTOBRE

14

UN PROJET D'ÉCRITURE : LA SUITE DE *PLOUF !*

Dès la première lecture du récit, les enfants ont manifesté une grande inquiétude pour le loup. L'histoire finit mal pour lui. À moins qu'on n'imagine une suite heureuse… Le projet d'écriture prend forme. On destine l'épisode inédit à la classe voisine.

▲ Objectifs

La précédente tâche d'écriture reposait sur l'imitation. Il s'agit ici de faire preuve d'invention tout en respectant les données initiales du texte que l'on veut produire. Le projet doit en outre permettre aux élèves de réutiliser des savoirs antérieurs et des savoirs en cours d'élaboration pour les conforter.

▲ Durée

Six séquences d'environ quarante minutes.

▲ Matériel utilisé

Affiche collective « règles d'écriture ». Outils collectifs « dialogue », « verbes introducteurs », « désignateurs », « présentatif : c'est ».

▲ À la recherche de règles d'écriture

(séquence de 30 à 40 minutes)

Reprise de la situation finale

Qui ? Où ? Quand ? Pourquoi ? Comment ?

Les enfants ont remarqué, sur la dernière illustration, que le seau était cassé, ils ont également repéré que la corde était toujours là. Certains se sont souvenus que le cochon était remonté grâce à cette corde…

Vers une suite heureuse possible

Essai de planification générale :

– Expression libre des idées puis mise en ordre avec l'aide de l'enseignant.

– Liste des règles retenues écrite sur une affiche :

1. On va parler du loup et de quelqu'un qui l'aide à sortir.
2. On va commencer par : « Ah ! Du bruit. C'est un… »
3. On va mettre un dialogue avec des cris et des bruits.
4. On va écrire une histoire amusante comme l'auteur.

– Entrent dans la planification : le nombre des personnages en présence, le but que se fixe l'un d'entre eux, l'enjeu pragmatique de l'écrit (faire rire), quelques éléments de micro-planification (comment commencer, mettre des dialogues).

Recherche d'un sauveur possible

– Écriture au tableau de toutes les suggestions : « une petite fille – le copain du loup – un chien – un oiseau – un chasseur – un autre loup… »

– Discussion et argumentation sollicitée par l'enseignant.

Exemple : « Ce ne peut pas être un oiseau, il n'est pas assez fort. La petite fille a peur du loup. Elle n'est pas assez forte. Le chasseur le tuerait – Mais il y a des chasseurs gentils… ». L'accord se fait sur « Un autre loup ».

– La deuxième règle d'écriture est relue, le début de la séquence narrative peut être écrit :

Ah ! Du bruit.
C'est un autre loup.

La technique utilisée tout au long de la composition du texte est celle de la dictée à l'adulte.

Ce qu'est et n'est pas la dictée à l'adulte ?

La dictée à l'adulte permet à des élèves de début de C.P. qui ne connaissent pas encore toutes les conventions de l'écrit de pouvoir néanmoins s'initier à la production de textes.

Si elle permet aux élèves de saisir que l'écrit peut transcrire de la parole, elle n'est cependant pas simple transcription de paroles. La parole est utilisée parce qu'on ne sait pas encore écrire mais c'est pourtant de l'écrit qu'on produit, un écrit qui possède ses règles propres qu'on a, dans cette situation, l'opportunité de découvrir.

Si l'on veut que la dictée à l'adulte soit une *occasion d'apprentissage de l'écriture* (son mode spécifique de fonctionnement, ses exigences particulières), et de renforcement des acquis préalables (par leur mobilisation en acte), l'adulte ne peut se contenter de jouer le rôle d'enregistreur et de scribe :

– il organise la distribution de la parole,

– il incite les élèves à justifier leurs propositions,

– il fait la synthèse des propositions,

– il se donne le droit de refuser, en se justifiant, des propositions qui dérogeraient aux normes de l'écrit,

– il se donne le droit d'avancer des propositions,

– il pousse les élèves à adopter des comportements de scripteurs adultes par incitation à la planification préalable, à la consultation d'outils pour l'écriture, à la révision périodique qui permet de détecter des dysfonctionnements aussi bien au plan textuel que dans l'enchaînement ou la construction des phrases,

– en ce sens, il peut admettre momentanément l'irrecevable, pour tirer ensuite parti de l'erreur.

Mener une dictée à l'adulte ce n'est donc pas :

– laisser la classe se perdre en discussions au risque de ne jamais passer à l'acte d'écriture,

– ou au contraire, pour aller vite et en finir, écrire soi-même la majeure partie du texte,

– accepter les propositions des enfants sans les discuter ou se justifier.

La dictée à l'adulte suppose du temps.

▲ Dictée à l'adulte

(4 séquences de 30 à 40 minutes)

• Recherche des paroles que peut prononcer le deuxième loup. « *Qu'est-ce que tu fais là ?* » est proposé et accepté avec la justification suivante : c'est ainsi que chaque personnage a engagé la conversation dans l'histoire authentique et si l'on ne veut pas introduire de rupture entre les épisodes précédents et l'épisode à construire il faut suivre les caractéristiques du texte d'origine.	– L'adulte écrit les paroles du loup, à la suite du morceau de texte déjà trouvé, en demandant la collaboration des élèves pour mettre la ponctuation adéquate (il incite les plus hésitants à se reporter aux outils construits antérieurement dans la séquence consacrée au dialogue).
• Recherche de verbes introducteurs possibles à la question posée par le loup. « *s'étonne – demande – questionne* » sont parmi les propositions acceptées. → « *s'étonne* » est retenu après argumentation.	
• Recherche d'un désignateur possible pour le nouveau loup. On propose : « *le deuxième loup – le loup qui vient d'arriver* ». → On retient : « *le deuxième loup* ».	
• Recherche de la réponse du premier loup. Les élèves proposent : « *Aïe, Aïe, Aïe ! – Ouh, là, là !* ». → Ils finissent par retenir: « *Oh, là, là !* ».	– L'adulte suggère l'utilisation d'un cri.
• Recherche d'un verbe introducteur et d'un désignateur. Sont proposés : « *dit – répond – crie – pleure – grogne* » d'une part, « *le loup qui est au fond du puits – le premier loup – le loup du début – le loup qui se noie* », d'autre part. → « *répond* » ainsi que « *le premier loup* » sont les propositions retenues.	– L'adulte pousse les élèves à se référer aux outils construits lors de l'activité « Dialogue » et rappelle l'étude menée sur les reprises des personnages.

<table>
<tr>
<td>

• Recherche des paroles suivantes.

C'est le loup du début qui parle.
→ « *J'ai froid. J'en ai assez. J'ai plein d'ennuis. J'ai très faim. Je n'ai pas mangé...* »

• Même démarche pour le troisième échange de ce dialogue.

Le texte se présente alors de la manière suivante :

« Qu'est-ce que tu fais là ? » s'étonne le deuxième loup.
« Oh, là, là ! J'ai plein d'ennuis !
Je ne peux pas remonter. J'ai très froid et très faim », répond le premier loup.
« Accroche-toi à la corde. Je vais tirer très très fort ».

</td>
<td>

– L'adulte écrit la réponse après discussion et demande qu'on lui donne la ponctuation adéquate, l'orthographe correcte de certains mots...

– L'adulte encourage les relectures intermédiaires pour détecter d'éventuels dysfonctionnements.
En ce point, le texte produit est relu par les enfants avec son aide.
(*Fin de la première séquence de travail*).

</td>
</tr>
<tr>
<td>

• Reprise du travail. Relecture. Recherche du comportement du loup au fond du puits.

« *Il est enrhumé. Il est triste. Il est en colère.* »
Pour conserver le principe de l'album, les élèves désirent traduire chacun de ces états par des onomatopées.
→ Ils proposent : « *Brr ! Atchoum ! Grr !* »

• Recherche de ce que fait l'autre loup pendant ce temps.

« *Il tire très fort. Il n'y arrive pas. Il glisse. Il a chaud. Il crie : Hop ! En avant ! Han ! Han !* ».

• Recherche d'un désignateur

Après examen du contexte, parce qu'il tire la corde sur la margelle, le deuxième loup sera désigné ici par « *le loup d'en-haut* ».
Les élèves miment l'action. (*Fin de la deuxième séquence de travail*).

</td>
<td>

– L'enseignant suggère : « *Floc ! Floc !* » pour évoquer le loup qui patauge dans l'eau. On écrit :

« Atchoum ! Atchoum ! » fait le loup dans l'eau.
Floc ! Floc ! Il va s'accrocher à la corde.

– L'adulte propose « *Oh hisse !* » qui enrichira la liste de cris et de bruits affichés et rappelle l'utilisation possible du présentatif « c'est », rencontré dans l'album. Il montre comment ce présentatif suivi d'un désignateur permettra d'éviter la confusion entre les loups.
Le texte se poursuit ainsi :

Oh hisse ! Oh hisse ! C'est le loup d'en haut qui tire.

</td>
</tr>
</table>

• Reprise du travail. La sortie du loup	
« *Il est sauvé. Il est content. Il est tout mouillé. Il a les poils collés* ».	– *Comment le loup sort-il du puits ?*
On décide de réutiliser le mot « Ouf ! ». On recherche un désignateur pour parler du héros de l'histoire : « *le loup du début – le loup qui est tombé dans le puits – le loup qui avait très très faim – le loup qui s'est trompé – le loup un peu bête – le loup pressé...* » sont les propositions jugées momentanément recevables. → On s'arrête sur « *Le loup du début qui avait très faim* » parce ce que c'est la périphrase qui le caractérise le mieux (elle rappelle son projet initial) et surtout qui permet au lecteur une identification sans problème (« *le loup un peu bête* », « *le loup pressé* » pourraient tout aussi bien référer au second loup).	– L'enseignant suggère un retour sur le texte d'origine pour retrouver ce que disent les lapins lorsqu'ils sortent du puits. On y découvre que les lapins poussent un « Ouf ! » de soulagement.
Le texte composé se présente alors ainsi : Ouf ! Le loup du début qui avait très faim est sauvé. Il a les poils tout collés.	– L'enseignant suggère de décrire le physique du loup à sa sortie du puits.
• Les réactions des autres personnages	
« *Ils sont sauvés. Ils sont cachés. Ils sont dans la forêt. Ils sont derrière un arbre, une cabane... Ils rient, ils crient, ils ricanent, ils pouffent : Hi ! Hi ! Hi ! Youpi ! Ah ! Ah ! Ah ! Enfin la paix ! Ouf ! Bon débarras ! Tralala !* » → On retient : Hi ! Hi ! Hi ! pouffent le cochon et les lapins qui sont cachés derrière un arbre. Enfin ! pense la grenouille.	– L'enseignant rappelle qu'il existe d'autres personnages dans l'histoire et qu'ils peuvent peut-être encore jouer un rôle dans cette scène : « *Le cochon, les lapins et la grenouille, où sont-ils ? Que disent -ils ?* ».
(Fin de la troisième séquence de travail)	
• Recherche d'une clôture narrative	
« *Ils se sauvent. Ils rentrent chez eux. Ils vont se cacher. Ils vont manger. Ils vont chez le deuxième loup* ». « *Le loup du début est tout mouillé. Il a froid. Il a faim. Il est trempé...* ».	– « *Que font les deux loups ? Où vont-ils ? Pourquoi ?* ».

– Écriture du début de la clôture narrative en utilisant des désignateurs possibles. « *Le deuxième loup emmène...* ». → Les élèves proposent : « *Le loup mouillé – le loup qui a faim – le loup qui a froid – le loup qui est furieux...* ».	– L'enseignant invite à réfléchir sur ce qui caractérise le héros de l'histoire et rappelle les remarques précédentes des enfants (« *Le loup du début est tout mouillé. Il a froid. Il a faim. Il est trempé...* »).
– « *chez le deuxième loup* ».	– « *Où va aller notre loup ?* »
– Les élèves dictent à l'adulte la phrase suivante : « *Le deuxième loup emmène le loup qui a très froid et très faim chez le deuxième loup* ». → Les élèves réécrivent la phrase : « *Le deuxième loup emmène le loup qui a très froid et très faim chez lui* ».	– L'enseignant fait comme si de rien n'était et écrit sous la dictée. Il relit. Le dysfonctionnement apparaît aussitôt aux élèves. L'enseignant les oblige à verbaliser ce qui ne fonctionne pas.
– « *pour manger – pour se réchauffer – pour avoir chaud – pour dormir...* » Recherche de substituts grammaticaux pour éviter les répétitions : « *pour le sécher et lui faire manger une bonne soupe* ».	– L'enseignant incite les élèves à assurer une logique comportementale aux personnages de leur histoire et réclame des motifs à l'origine des actions : « *Pourquoi le loup du début suit-il son sauveur ?* ».
	– Dans le souci de maintenir la cohérence comportementale du loup, l'enseignant ramène l'attention sur le début de l'histoire et le but principal de son héros.
– « *Non, c'est un fromage* ».	
– « *Oui, un bon fromage – un vrai fromage – un gros fromage...* ».	– « *Et va-t-il manger du fromage, cette fois ?* ».
– Discussion autour de la version définitive du passage : Le deuxième loup emmène le loup qui a très froid et très faim chez lui pour le sécher et lui faire manger une bonne soupe et un VRAI fromage. Miam ! Miam ! Mmmm !	– L'enseignant apprend aux élèves qu'on peut utiliser les majuscules pour mettre en valeur certains mots et souligner le clin d'œil (le procédé est utilisé dans l'album).
– Lecture silencieuse du texte complet par les élèves.	– L'enseignant relit à haute voix. Il invite à reprendre connaissance des règles d'écriture définies au début du travail et à vérifier qu'elles ont été prises en compte.
– Illustration individuelle de l'épisode.	

REBELLE LE LOUP : UNE HISTOIRE EN MILIEU D'ANNÉE

15

PRÉSENTATION

Rebelle le loup[1] est un album de Jacqueline Delaunay. Plusieurs exemplaires sont mis à la disposition des enfants.

▲ Les raisons du choix

– S'inscrire dans une approche thématique : « Le loup, mythes et réalités ».

– Aborder un type de récit particulier, à mi-chemin du texte poétique et du texte scientifique, qui permet à la fois de goûter aux plaisirs de la langue et de s'ouvrir aux réalités du monde.

▲ Présentation du récit

Un jeune loup quitte sa meute, dont le territoire de chasse est devenu trop petit. Sa quête est double : se nourrir, s'intégrer à une autre meute et, qui sait ?, y rencontrer la louve de sa vie… La beauté des illustrations, la qualité de la langue concourent à renforcer les messages écologique et scientifique délivrés par le texte[2].

1. Jacqueline Delaunay, *Rebelle le loup*, Syros, 1992.
2. *La revue des livres pour enfants,* n° 154, La joie par les livres, sélection 1993.

REBELLE LE LOUP : UNE HISTOIRE EN MILIEU D'ANNÉE

16

UNE HISTOIRE OBJET DE LECTURE

Le texte est présenté de manière linéaire et découpé en fonction des étapes du récits, de la recherche d'une meute à celle d'une louve.

Nous ne donnerons pas ici le déroulement exhaustif de la lecture de l'album mais seulement quelques temps forts pour souligner ce qui a changé dans la démarche du maître entre le début de l'année scolaire et la moitié du second trimestre.

▲ Comment est abordée chaque séquence narrative ?

Nous ne prendrons comme exemple que la deuxième séquence narrative.

Durée

De quarante à quarante-cinq minutes.

Organisation pédagogique

Recherches individuelles puis travail avec le groupe classe.

Supports utilisés

Chaque élève dispose de la deuxième séquence narrative en double exemplaire : un exemplaire pour effectuer les recherches, un autre qui sera collé dans le cahier dit de « textes de lecture ».

Le texte n'est plus *désormais reproduit au tableau* (*Cf.* page suivante).

Rebelle fait un grand détour.
Vers le Nord.
Par trois fois, il s'arrête pour se reposer.
Il brise la glace qui recouvre une mare.
Pour boire avidement.
Le vent hurlant durcit la neige.
Au lever du soleil, Rebelle a atteint
le Grand Pays des lacs.
Il a faim. Et la mort le guette.
Il n'a pas chassé : depuis si longtemps.
Avec sa meute.
Au point du jour, quand le vent s'est calmé,
Rebelle s'arrête.
Il a senti le fumet d'un animal.
Un vieux cerf : il le chassera. Seul.
Durant des heures, le loup affamé
poursuit sa proie. À travers les bois.

Appropriation individuelle du texte

Pour commencer, les élèves n'ont pas le texte sous les yeux. On rappelle le début de l'histoire : son héros, le but du héros et ce qu'il doit faire pour l'atteindre. On imagine les plans possibles pour atteindre le but.

Chaque enfant essaie ensuite de s'approprier le texte par une lecture silencieuse.

Consigne de l'enseignant : « *Ne restez pas bloqués par un mot que vous ne savez pas lire, avancez dans le texte, vous comprendrez tout de même* ».

Mise en commun des découvertes de chacun

Le maître cherche à connaître le sens que chacun des élèves prête à l'extrait.

Pour assurer une meilleure compréhension, le maître incite les élèves à désigner les personnages en présence et à définir l'espace-temps dans lequel ils se situent.

ENSEIGNANT – « *Combien de personnages sont présents dans ce passage ?* »
ÉLÈVE – « *Un seul – Non deux, Rebelle et un " animal "* ».
ENSEIGNANT – « *Où se trouvent-ils ?* »
ÉLÈVE – « *Dans la forêt, vers des lacs, dans la neige…* »
ENSEIGNANT – « *À quel moment de la journée se déroule ce passage ?* »
ÉLÈVE – « *À midi, il y a le soleil – Non , on ne sait pas. C'est le jour, on l'a lu…* »

Retour à l'activité individuelle

Chaque élève est invité à relire le texte en surlignant les mots ou groupes de mots dont il n'a pas saisi le sens.

Reprise collective de la lecture du texte

Les enfants	L'enseignant
– Les élèves les moins experts se déplacent vers le maître qui se trouve près du tableau et lui montrent, sur leur texte de travail, les groupes de mots qu'ils ne comprennent pas.	– L'enseignant transcrit ces groupes au tableau en écriture script.
	À la fin de ces déplacements, l'enseignant a dressé une liste, en colonne, des mots ou groupes de mots non lus par certains élèves : « *Vers le Nord – se reposer – brise la glace – avidement – Au lever du soleil – Grand Pays des lacs – Guette – longtemps – point – le fumet – un vieux cerf* ». – Chaque groupe est repris l'un après l'autre. « *Qui vient lire le premier groupe de mots ?* »
– Un élève qui a su lire un groupe de mots, essaie d'expliquer aux autres sa stratégie : « “ **Nord** ” *cela commence comme* “ **Noël** ”. *Et puis ce mot ressemble à* “ **dort** ” *qu'on a lu dans* Elmer et les chasseurs. *Je peux lire* “ Nord ”, “ Vers le Nord ”. » Puis il lit à voix haute le groupe de mots identifié.	– « *C'est bien, tu as utilisé des mots de notre dictionnaire.* » – L'élève s'est référé à la culture lexicale de la classe et a utilisé des analogies orthographiques pour découvrir le sens. « *Qui vient lire le deuxième groupe de mots ?* »
– « *Je connais* “ **Poser** ”, *je lis* “ **se reposer** ”. *Oui mais cela ne veut pas dire la même chose :* “ Je pose mon stylo ” *et* “ Je me repose après le travail ”. »	– L'enseignant écrit : poser reposer reposer garder

L'élève, ici encore, mobilise ses connaissances lexicales antérieures, fait des rapprochements grapho-phonologiques et, aidé du contexte, détermine la nature du mot à découvrir.	
	« *Qui vient lire le troisième groupe de mots ?* »
– Un premier enfant : « *Moi j'ai comparé* " **brise** " *avec* " novem**bre** " *et* " m**ise** ", *puis* " **glace** " *avec* " guillaume " *et* " pla**ce** " *et j'ai pu lire le groupe.* »	– « *Tu as utilisé une seule stratégie, le décodage et tu as pu lire. Tu sais, ce n'est pas toujours comme cela.* »
– Un deuxième enfant : « *J'ai pu lire* " **brise** " *parce que je mange du fromage qu'on appelle du* " **brie** ". *Un loup c'est fort ça brise et ça casse. Et je mange aussi de la* **glace**. *Rebelle se passe dans un pays très très froid. Il y a de la glace.* »	– « *Tu as utilisé deux stratégies, le décodage et le sens du texte, et tu as pu lire ce groupe. Tes idées sont très intéressantes.* »
– Un troisième enfant : « *Moi, je lisais* " brisse " *et je ne comprenais rien.* »	– « *Tu n'as utilisé que le décodage mais contrairement à Baptiste cela n'a pas fonctionné. La lettre s peut correspondre aux phonèmes [s] ou [z], donc en utilisant uniquement le déchiffrage, tu n'as pas pu lire.* »
– Un dernier enfant : « *Moi, j'avais lu* " Il boit l'eau qui recouvre une mare ". »	– « *Tu n'as utilisé que le sens et tu n'as pas pu lire. Ce que tu as lu n'est pas dans le texte. Vous devez penser à utiliser tout ce que vous savez et tout ce que vous savez faire pour lire et comprendre.* »
– Des enfants parviennent à opérer des rapprochements grâce à leur connaissance du code mais ne peuvent lire le mot, car ils n'en connaissent pas le sens. C'est le cas pour « **avidement** » rapproché de « **vide** » sans succès. C'est aussi le cas pour « fumet » : « *J'ai pu lire* " **fumet** " *mais je ne comprends pas ce que ce mot veut dire.* »	– C'est l'enseignant qui lit « avidement » et en donne la signification. Les enfants sont invités à mimer l'action pour montrer qu'ils ont compris le sens de « avidement ». Les mots « **Pays** », « **guette** » et « **point** », qui ne sont découverts par aucune stratégie sont donnés par l'enseignant.

– Réappropriation du texte dans son entier par une lecture silencieuse individuelle.

– Vérification orale de la compréhension par des questions. L'enfant qui répond justifie sa réponse en lisant la phrase ou le groupe de mots correspondants.

Exemple :

ENSEIGNANT – « *Que fait Rebelle pour boire ?* »
ÉLÈVE – « *Il brise la glace qui recouvre une mare* ».

Remarque sur le traitement du lexique

Quand le passage à lire présente un vocabulaire peu courant, l'enseignant invite les élèves à recourir au mime pour manifester qu'ils en ont saisi le sens.

C'est le cas pour les éléments en italique dans le passage suivant :

> « Rebelle *entonne son chant plaintif.*
> *Un hurlement lui fait écho.*
> *Rebelle répond.* Son chant n'est plus *mélancolique.*
> Sur un promontoire *des loups surveillent* leur vaste domaine.
> *Rebelle s'approche lentement.*
> *Il incline la tête* comme *s'il se soumettait.*
> Devant lui, *assis en demi-cercle, huit loups.*
> *Regards jaunes fixés sur lui.*
> Le vent tourbillonne.
> *Imperturbable, la meute attend.*
> *Puis d'un seul coup se lève et avance.*
> *Et l'encercle. Et le flaire.*
> *Gueule contre gorge.*
> *Les loups claquent des mâchoires.*
> *Babines retroussées*
> *Ils grognent terriblement* ».

Le mime, en l'occurrence, est utilisé comme un moyen non langagier de tester une compétence langagière. Mimer, c'est utiliser une compétence à produire du sens mettant en jeu la communication non verbale utilisée spontanément par l'enfant mais souvent de façon narcissique ou régressive. En mimant les expressions soulignées, l'enfant propose une *réécriture* dans un code nouveau qui, pour être compris, devra satisfaire à des exigences de lisibilité et d'acceptabilité.

▲ Remarques sur le rôle de l'enseignant

L'enseignant, au cours de la première prise de contact avec le texte, circule dans la classe. Moins présent qu'en début d'année, il reste un guide, mais n'intervient qu'à la demande de l'élève. Son aide, très individualisée, consiste, non pas à lire le mot que l'enfant ne connaîtrait pas, mais à proposer à chacun une ou plusieurs stratégies d'entrée dans l'écrit. Au cours du moment collectif, il favorise la métacognition en demandant aux élèves de verbaliser leurs stratégies pour accéder au sens. De cette façon, il est en mesure d'apprécier les stratégies qu'ils privilégient et de les guider pour qu'elles se diversifient.

Pour activer la stratégie graphophonologique, il sollicite le recours aux analogies graphiques en référence aux outils collectifs affichés qui se présentent de la manière suivante :

ce	terre	pain	préparatoire	semaine	merveilleux
avance	territoire	main	mâchoire	domaine	surveille
encercle	terriblement	plaintif	promontoire		
			territoire		

gomme	guêpe	mange	ligne	aire de jeu	flocon	sûrement
garage	gueule	page	signe	flaire	flaire	hurlement
gâteau		neige	grognent			lentement
gorge		plonge				terrible-ment
		gorge				

Pour aider les élèves qui ne s'en tiendraient qu'à la stratégie graphophonologique, il les invite à se référer à la culture lexicale commune (par exemple le mot *imperturbable* a été rencontré dans *Elmer et les chasseurs* [1], au contexte immédiat ou plus large (*plaintif* peut être compris parce qu'il est dit dans l'histoire que le loup est triste et se plaint).

S'il laisse les élèves commettre des erreurs – lire c'est oser faire des paris sur le sens au risque de se tromper –, il sait aussi que les enfants sont demandeurs de certitudes et sait se faire rassurant.

Il s'assure enfin que le mot reconnu est bien toujours compris dans sa signification intrinsèque et contextuelle. *Rebelle Le loup* contient un vocabulaire recherché, ce qui ne l'exclut pas, bien au contraire, du cours préparatoire. Apprendre à lire suppose l'entrée dans une culture et donc un lexique (une syntaxe) pour une part inconnus.

1. David MacKee, *Elmer et les chasseurs*, L'École des loisirs, 1993.

REBELLE LE LOUP : UNE HISTOIRE EN MILIEU D'ANNÉE

17

LA PHRASE

▲ Réduction de phrases

Objectif

Conduire l'élève à repérer, de façon implicite, les groupes fonctionnels indispensables ou non au sens de la phrase de façon à s'approprier des structures linguistiques nouvelles et flexibles.

Activités possibles

Des phrases extraites du texte sont distribuées :

Au point du jour, quand le vent s'est calmé, Rebelle s'arrête.

Rebelle s'arrête.

Non loin de là, sur un promontoire rocheux, des ombres de loups surveillent leur vaste domaine.

Des ombres de loups surveillent leur vaste domaine.

Rebelle a quitté son territoire.

Il erre, des jours entiers, la nuit, sous les étoiles.

Il erre.

Durant des heures, le loup affamé poursuit sa proie.

Le loup affamé poursuit sa proie.

Rebelle entonne son chant plaintif.

Le vent hurlant durcit la neige.

Ces phrases sont lues puis découpées en grands groupes après débat sur la façon de procéder. Les élèves essaient ensuite individuellement de réduire chacune d'entre elles. Chacun commente ce qu'il obtient : « *On peut enlever trois groupes, quatre groupes… c'est moins joli, cela explique moins bien mais on comprend… Là, on ne peut rien enlever.* » La classe s'entend sur les groupes nécessaires pour préserver le sens de la phrase.

Synthèse : « *On ne peut pas supprimer tous les groupes. Certains sont indispensables pour bien comprendre la phrase.* »

▲ Permutation de groupes compléments

Objectif

Conduire l'élève à repérer, de façon implicite, la mobilité de certains groupes compléments, sans altération du sens de la phrase.

Activités possibles

Les phrases suivantes sont découpées en groupes comme précédemment :

Non loin de là, sur un promontoire rocheux, des ombres de loups surveillent leur vaste domaine.

Au point du jour, quand le vent s'est calmé, Rebelle s'arrête.

Il erre des jours entiers, la nuit, sous les étoiles.

Au lever du soleil, Rebelle a atteint le Grand Pays des lacs.

Le soleil a glissé, lentement, derrière la masse grise des nuages.

Individuellement, les élèves essaient de former de nouvelles phrases en déplaçant les groupes. Les phrases obtenues sont écrites au tableau et comparées aux phrases d'origine. On discute leur recevabilité.

Synthèse : « *On peut changer des groupes de place et on comprend quand même. Parfois c'est moins joli à lire même si on comprend... Certains groupes ne peuvent pas être en tête de phrase. On comprend quand même. Oui, mais c'est parce qu'on connaît l'histoire...* ».

Remarque :
Plus tard, en fin d'année notamment, on compare les résultats obtenus par réduction et par commutation des groupes compléments et on note, sans user d'une terminologie savante, que les groupes essentiels au sens des phrases travaillées sont aussi ceux qui ne sont pas permutables (généralement !). D'une façon générale, ce genre d'activité doit être conduit sans dogmatisme. Il s'agit bien de tester, sur le mode ludique, les possibles de la langue et leurs effets.

REBELLE LE LOUP : UNE HISTOIRE EN MILIEU D'ANNÉE

18

LE LEXIQUE

▲ Objectifs

Conduire l'élève à :

– Saisir que le texte raconte une histoire imaginaire en même temps qu'il fournit des informations d'ordre scientifique, qui seront approfondies ultérieurement (*cf.* 2ᵉ partie).

– Repérer, prélever puis classer ces informations.

– Enrichir son bagage lexical de termes scientifiques précis et découvrir quelques modes de formation des mots.

Les objectifs de ces activités sont de nature différente mais complémentaires. Il s'agit d'aider les élèves à distinguer peu à peu réel et imaginaire ; de classer des informations autour de thèmes, activité importante de catégorisation qui met en jeu des procédures intellectuelles de haut niveau et dont on fait le pari qu'elles sont enseignables ; enfin d'enrichir, dans un contexte qui le justifie, le bagage lexical et de prendre une distance réflexive sur la formation du vocabulaire. La distance réflexive permet de mieux comprendre les mots, voire d'en découvrir d'autres par soi-même.

▲ Activités possibles

À la recherche d'un vocabulaire spécialisé

Relecture du texte selon le découpage proposé au moment de la découverte du récit avec pour consigne de surligner les mots ou groupes de mots qui renseignent sur la vie réelle du loup. Il s'agit donc d'une lecture sélective.

Les éléments recueillis sont notés au tableau par l'enseignant puis classés par thèmes :

Mieux connaître les loups

Portrait physique	*Manger*	*Les loups ensemble*	
des poils	chasser	la meute	il hurle
une robe blanche	la chasse	huit loups	un chant plaintif
des yeux couleur d'or	se nourrir	la jeune louve chef de la meute	se soumettre
des regards jaunes	boire	un territoire	il flaire
une gorge	le gibier	leur vaste domaine	ils claquent
la gueule	le fumet	la coutume pour être accepté	des mâchoires
les mâchoires	d'un animal	l'attaque	ils grognent
les babines	une proie		mordre
des crocs	un vieux cerf		elle mordille
	dévorer		il s'incline
			il l'aimera toujours
			elle l'a choisi

Ce tableau sera retravaillé au troisième trimestre lorsqu'on abordera l'étude scientifique des loups (*cf.* 2e partie).

Vérification de la compréhension d'un vocabulaire spécialisé

Une illustration agrandie de loup ou de têtes de loup est distribuée. Les élèves doivent écrire, en face des flèches préalablement dessinées sur la feuille, les mots suivants :

gueule, gorge, mâchoire, babines, croc.

Initiation à la formation des mots

Le texte est riche en adverbes formés à partir d'adjectifs. Par le biais d'exercices du type : « *j'observe et je continue* », les enfants appréhendent une nouvelle manière de former des mots.

Les adjectifs proposés le sont dans leur forme féminine :

sûre → sûrement	terrible → …
avide → …	brusque → …
lente → …	facile → …

REBELLE LE LOUP : UNE HISTOIRE EN MILIEU D'ANNÉE

19

CONSTRUCTION DE L'INTRIGUE

Voici quelques exemples d'activités possibles qui toutes cherchent à donner aux élèves une vision globale de l'intrigue dans ses grandes articulations.

▲ Espace et chronologie du récit

Objectifs

Il s'agit, dans une perspective d'aide à la compréhension et à la production d'écrits, de conduire les élèves à s'appuyer sur les balises spatio-temporelles qui permettent de suivre les déplacements progressifs ou brutaux de l'intrigue.

Activités possibles

– Les élèves, individuellement, soulignent les marqueurs spatio-temporels sur la totalité du texte.

Les éléments collectés sont inscrits au tableau puis classés en deux colonnes : « Où ? » « Quand ? »

Le texte est repris pour trouver les marqueurs oubliés.

Les deux colonnes sont ensuite mises en correspondance par une mise en page appropriée de façon à mettre en lumière la correspondance espace/temps.

Rebelle le loup

Quand ?	*Où ?*
à l'heure du crépuscule des jours entiers la nuit	dans la forêt ailleurs
au lever du soleil depuis si longtemps au point du jour durant des heures	vers le Nord le grand Pays des Lacs à travers les bois
après quatre jours et quatre nuits la fin du jour	dans la forêt bleue au Nord-Ouest des Grands Lacs
à la clarté de la lune dans l'obscurité toujours jusqu'à la nuit des temps	le territoire d'une autre meute non loin de là, sur un promontoire leur vaste domaine
le soleil embrase le sommet des pins	entre les arbres au creux d'un vieil arbre

– Les élèves disposent des illustrations de l'album, en réduction, et d'étiquettes sur lesquelles sont écrits les marqueurs spatio-temporels répertoriés.

Ils apparient étiquettes et illustrations afin de schématiser le déroulement de l'histoire.

La schématisation affichée au mur servira d'outil collectif de référence pour la production ultérieure de récits.

▲ La durée de l'histoire

Objectif

La durée de l'histoire n'est pas en général une donnée du texte mais une reconstruction du lecteur à partir d'indicateurs (les marqueurs temporels) et d'indices qu'il faut interpréter plus subtilement. Il s'agit de mettre les élèves (le plus tôt possible) en situation de *lecture fine*.

Activités possibles

L'exercice proposé invite au surlignage des phrases exactes : il implique de retrouver dans le texte les indicateurs adéquats ou d'inférer la bonne réponse à partir d'indices variés.

Rebelle quitte son territoire	à midi. au crépuscule. au lever du soleil.
Il atteint le Grand Pays des Lacs	trois jours après. le soir même. le lendemain, au lever du soleil.
Après avoir mangé, Rebelle marche	quatre jours et quatre nuits. deux jours et deux nuits. une longue semaine.
Il flaire la meute	à la fin du jour. au lever du soleil. à midi.
Le voyage de Rebelle a duré	dix jours et dix nuits. quatre jours et cinq nuits. deux jours et cinq nuits.

Une conclusion collective sur la durée de la quête de Rebelle, de son histoire dans sa totalité, sera tirée des réponses.

▲ Les espaces successivement traversés

– Attribution d'un numéro d'ordre à chaque phrase (l'exercice vise à vérifier que les élèves ont saisi la chronologie des déplacements de Rebelle vers le lieu de sa quête) :

- ❑ Rebelle atteint le Pays des Grands Lacs.
- ❑ Rebelle arrive sur le territoire d'une meute.
- ❑ Rebelle pénètre dans la forêt bleue.
- ❑ Rebelle quitte sa forêt et son territoire.

– Puis remise en ordre des phrases proposées.

▲ Le parcours narratif de Rebelle

Matériel utilisé

Albums, illustrations et texte photocopiés en réduction.

Activités possibles

– Résumé oral de l'histoire pour dégager l'essentiel de l'intrigue.

– Recherche du « problème » de Rebelle : « *Il n'y a plus de gibier. Il a fallu partir, quitter sa famille…* ».

– Recherche du but qu'il se fixe : « *Il faut qu'il mange* ».

– Recherche du plan pour atteindre ce but : « *Il va chercher d'autres loups. Une autre famille* ».

– Discussion sur la réussite ou l'échec du plan mis en œuvre : « *Il a mangé. Il a tué un vieux cerf tout seul. Oui son but est atteint mais il n'a pas trouvé d'autres loups* ».

– Recherche du nouveau but que se fixe Rebelle : « *Il veut peut être trouver des loups mais surtout une louve pour être avec elle. Il ne veut plus vivre seul…* ».

– Discussion sur la réussite ou l'échec du plan mis en œuvre pour atteindre ce but : « *Il trouve une meute. C'est une louve, le chef de la meute. Il a tout ce qu'il voulait et les loups l'acceptent avec eux. Il ne sera plus seul. Il a quelqu'un pour vivre avec lui…* ».

– Mise en forme des remarques des élèves :

- *But de Rebelle :* manger.
- *Son plan :* trouver une autre meute là où il y aura à manger.
- *But atteint en partie :* il tue et mange un vieux cerf mais il n'a pas trouvé de meute.
- *Poursuite du plan et nouveau but :* trouver une louve qui l'accompagnera. Ne plus être seul.
- *Plan réussi :* il trouve une meute de huit loups.
- *Deuxième but atteint :* Rebelle trouve une louve chef de meute qui l'accepte. Il l'aimera toujours. On pense qu'avec sa nouvelle famille il mangera et sera bien.

– Comparaison des deux situations, initiale et finale : la situation de Rebelle s'est améliorée, il a atteint son premier et son deuxième but.

Mardi 28 février 1995

Retrouver l'ordre chronologique de ce texte et copier le texte reconstitué.

Rebelle pénètre sur le territoire d'une meute.

Il entonne son chant plaintif.

Un hurlement lui fait écho.

A son tour Rebelle répond.

Il s'approche lentement.

Il incline la tête.

Il distingue huit loups.

REBELLE LE LOUP : UNE HISTOIRE EN MILIEU D'ANNÉE

20

PROJET D'ÉCRITURE : UN POÈME POUR LA FÊTE DES MÈRES

▲ Contextualisation du projet

La semaine annuelle de la poésie à laquelle ont participé les élèves de la classe (venue d'un écrivain, audition et lecture de ses productions…) a immédiatement succédé à la lecture de *Rebelle le loup*, récit qui a suscité de grandes émotions littéraires grâce à sa richesse poétique.

À ces temps forts se sont ajoutées la lecture fréquente de poèmes depuis le début de l'année ainsi que la pratique de nombreux jeux poétiques.

Ainsi préparés, les élèves sont prêts à entrer à leur tour en poésie pour cette occasion particulière qu'est la fête des mères.

▲ Objectifs

Conduire l'élève à :

– Nourrir et solliciter son imaginaire par la lecture et l'écriture poétiques.

– S'approprier une structure, impulser un rythme, travailler la musicalité des mots.

– Rechercher des mises en page intéressantes.

▲ Durée

Deux séquences d'environ quarante minutes.

▲ Matériel et supports utilisés

– Les poèmes fréquentés au cours de la semaine de la poésie qui peuvent à tout moment servir de référence : manuscrit du poète Geneviève Raphanel (venue dans la classe présenter ses œuvres), collection « Poèmes pour grandir »[1], collection « Étincelles »[2].

– Cartoline pastel pour réaliser la carte et écrire le poème.

▲ Mise en place des contours du projet

Comme pour tout projet d'écriture, on se pose une triple question : qui écrit à qui ? quel type d'écrit ? pour produire quel effet ?

La classe décide d'écrire un poème, pour souhaiter une bonne fête aux mamans, mais voudrait faire quelque chose de très joli et de bizarre à la fois pour que les mamans soient charmées et étonnées ; un poème qui associerait les yeux des loups et les yeux des mamans.

▲ À la recherche de matériaux possibles

Un poème de G. Raphanel est lu et relu pour que les élèves s'en approprient la structure, le rythme, la musicalité. Mais le poème à écrire ne sera en rien une imitation.

L'enseignant rappelle les recherches antérieures menées par la classe, au cours de la lecture de *Rebelle le Loup*, sur la clarté de la lune, sur la couleur du pelage et des yeux de la louve. Partant d'expressions rencontrées dans l'histoire (en italiques), les élèves avaient joué à forger des métaphores :

Robe blanche	*Couleur d'or fondu*	*Clarté de lune*
robe de neige robe de craie robe de nuage	couleur dorée couleur de feu couleur de soleil couleur de bijou couleur de miel couleur de citron	lumière de lune jaune de lune soleil de lune joie de lune

Pour lancer l'écriture et parallèlement la réflexion sur l'écriture, l'enseignant propose une phrase amorce :

Je dis le loup et les forêts s'endorment.

1. Collection de poésie contemporaine destinée à la jeunesse, Éditions du Cheyne, catalogue 1994.
2. Flammarion, 1994.

▲ Amorce de mise en texte et planification

Un poème n'est pas une histoire. Le processus rédactionnel à mettre en œuvre pour le produire n'est pas identique à celui que met en œuvre un conteur. Un conteur a besoin au départ de l'écriture de tracer les grandes lignes de son intrigue (qui ? où ? quand ? pourquoi ? comment ça commence, comment ça finit), quitte, bien entendu, à les modifier en cours de route. Le poète trouve les lois de sa production dans sa production même. Le poème n'ayant aucune structure sémantique prototypique a des lois immanentes qui se construisent et se découvrent à travers la progression de l'écriture. En ce sens, il se planifie textuellement au fur et à mesure de la mise en texte.

L'enseignant, dans le travail qui suit, sollicite l'amorce d'une mise en texte pour que se dégage progressivement les principes à suivre dans l'écriture et les activer.

Temps de recherche individuelle

Chaque élève recherche librement sur une feuille, sans souci de mise en page, un enchaînement possible à la phrase amorce. L'enseignant rappelle que le thème du loup a été imposé par la classe et qu'il faut s'y tenir. Passant auprès de chaque élève, il oralise la phrase amorce et la phrase produite, sans commentaire évaluatif, pour que son auteur puisse juger seul de la musicalité de l'ensemble :

« *" Je dis le loup/et les forêts s'endorment. Je dis le loup/et le clair de lune danse... ", qu'en penses-tu ?* »

Les élèves réutilisent massivement le vocabulaire rencontré dans *Rebelle Le loup* : louve – couleur d'or fondu – clair de lune – hurlement – danse – forêt...

Temps de recherche collective

Les phrases produites individuellement, réécrites ou non, sont notées par l'enseignant sur une feuille et non au tableau pour ne pas induire *a priori* de mise en page.

Une discussion s'engage pour déterminer celles qui seront gardées en l'état ou après transformation, comment il faut les enchaîner. Une règle de réécriture est énoncée, dont l'application devrait homogénéiser la structure syntaxique de l'ensemble :

« *On commencera toutes nos phrases par : Je dis le loup et...* »

La réflexion sur l'enchaînement conduit à se poser la question du destinataire, rappelée dans la mise en place du projet, mais oubliée depuis. On convient qu'il faut parler de maman, mais « *seulement à la fin pour lui faire une surprise* » (« *Elle croira qu'on ne parle que du loup et on parlera d'elle pour lui dire une bonne fête.* »), et qu'il faut donc passer très progressivement, sans que le lecteur s'en aperçoive, d'images évoquant le loup à une image évoquant la mère avec son visage souriant. Fondé désormais sur la confusion, le poème impose, pour ainsi dire, le choix d'un moment propice à la confusion : une nuit à clair de lune, et donc l'élimination de certaines propositions. Par association d'idées, on imagine une louve dansant au clair de lune. Les vers qui vont servir de transition entre l'évocation du loup et l'évocation de la mère naissent d'eux-mêmes :

> Je dis le loup et danse au clair de lune un visage souriant.
> Je dis alors Bonne fête maman.

L'ordonnancement des phrases retenues qui doivent précéder ces deux vers de clôture se découvre pas à pas : comme dans un rêve enfantin, l'endormissement apparent de la forêt, puis son réveil inquiétant, l'approche du loup (d'abord ses hurlements, puis en gros plan, son œil brillant) et, dans une sorte de fondu enchaîné, la superposition du visage de la mère et du visage du loup.

Des retouches de dernière heure sont apportées pour renforcer la musicalité du poème. C'est ainsi que par souci d'assonance avec « *s'endorment* », on substitue à « *les hurlements font peur* », « *les hurlements résonnent* ».

▲ Mise en page

Le livret *La maîtrise de la langue*[1] insiste sur la nécessité d'apprendre *« à éditer les textes les plus aboutis produits par la classe. Par " éditer ", il faut entendre mettre en page un écrit destiné à circuler hors de la classe ou encore à être conservé pour être ultérieurement relu. »*

Une discussion s'engage sur la répartition des blancs dans l'espace de la page (marges de gauche et de droite, en-tête et bas de page, lignes sautées entre les blocs du texte), sur les types de caractères à utiliser. L'enseignant réalise avec le traitement de texte les propositions des élèves et les soumet à leur appréciation.

Quand le choix est arrêté, chaque élève en reçoit une copie qu'il relit silencieusement. Deux élèves de la classe tente de dire le poème. Tous devront s'entraîner à la diction durant les deux semaines qui précèdent la fête des mères. Tous également réalisent la carte (et son illustration) sur laquelle sera collé le poème (*cf.* page suivante).

1. *Op. cit*, p. 93.

Je dis le loup
Et les forêts s'endorment.
Je dis le loup
et les hurlements résonnent.
Je dis le loup
et les larmes d'or scintillent.
Je dis le loup
et les enfants rêvent.
Je dis le loup
et danse au clair de lune
un visage souriant.
Je dis alors :

BONNE FÊTE MAMAN

LA LECTURE LONGUE AU TROISIÈME TRIMESTRE

21

MODALITÉS

Au troisième trimestre (parfois bien avant), les élèves peuvent, doivent être mis en situation de lecture (plus ou moins) autonome et entraînés à aborder sans frayeur des lectures longues et complexes.

▲ En classe

– Le même titre (un roman et non plus un album) peut être distribué à tous les élèves de la classe avec des parcours différenciés selon l'expertise de chacun. Ceux qui rencontrent le plus de difficultés avancent dans l'histoire grâce à des fiches d'accompagnement.

– Plusieurs titres traitant du même thème, mais situés à un niveau d'accessibilité différent, sont répartis dans la classe. Si l'objet à lire n'est pas unique, tous les élèves sont cependant fédérés autour d'un même sujet (l'arbre, les sorcières…) et d'une même tâche : lire et comprendre un texte long. Cette organisation évite de marginaliser les plus malhabiles et permet à chacun de progresser selon ses propres compétences.

▲ À la maison

Pour la lecture hors du temps scolaire, on organise une ronde des livres (*cf.* la 3e partie) et les emprunts personnels.

En aucun cas, cette lecture gratuite, pour le plaisir, ne fait l'objet d'une évaluation, singulièrement à l'aide d'un contrôle écrit. Il s'agit simplement pour l'enseignant de s'assurer que l'élève a compris l'histoire qu'il a eue entre les mains. À cet effet, les échanges oraux remplacent avantageusement les questionnaires préfabriqués qu'on peut trouver çà et là.

Trois histoires (en quinze exemplaires environ), plus ou moins accessibles, peuvent ainsi être mises en circulation chaque semaine, dès le mois de février. L'enseignant aide les élèves à choisir en fonction de leurs capacités. Les parents, informés des objectifs poursuivis par le maître, sont invités à observer leur enfant en situation de lecture et éventuellement à prêter leur concours. La lecture achevée, l'enseignant demandera, de manière informelle, à chacun de raconter l'histoire lue.

Dans les deux fiches 22 et 23, des activités possibles sont présentées autour de deux lectures longues menées en classe : *Le hibou et le canard* et *Le long manteau bleu.*

LA LECTURE LONGUE AU TROISIÈME TRIMESTRE

22

LE HIBOU ET LE CANARD

Le hibou et le canard de Hanna Johansen est une histoire parue, en 1990, dans la collection Folio Cadet bleu, chez Gallimard. Chaque élève dispose d'un exemplaire.

▲ Les raisons d'un choix

– Au plan *philosophique*, le livre, sans didactisme, invite à une réflexion sur la tolérance : deux oiseaux, l'un diurne, l'autre nocturne, se disputent à propos de leurs différents modes de vie et finissent par trouver une complémentarité.

– Comme *Rebelle le loup*, mais par des moyens différents (les illustrations, notamment, qui fourmillent de détails rigoureusement exacts du point de vue scientifique), le livre prouve à ses jeunes lecteurs qu'on peut s'enrichir d'un savoir nouveau sur le monde tout en prenant plaisir à suivre une histoire imaginaire.

▲ Organisation pédagogique

Le travail proposé s'étale sur une semaine. Alternent phases collectives, phases individuelles ou duelles selon l'expertise des élèves.

▲ Prise de contact avec le livre

Le livre est appréhendé par le biais de son paratexte pour susciter la curiosité.

De cette étude est tirée une fiche signalétique élaborée en commun, qui sera complétée après la lecture de l'histoire (voir page suivante).

Les élèves les plus experts lisent l'histoire solitairement. Les autres disposent de fiches d'aide à la lecture.

Titre : Le hibou et le canard.

Auteur : Hanna Johansen.

Illustrateur : Kathi Bhend.

Collection : Folio cadet bleu.

Éditeur : Gallimard.

L'histoire : C'est la rencontre entre un hibou et un canard qui se disputent à cause de leurs nombreuses différences.
S'accepteront-ils un jour comme ils sont ?

▲ Exemple de fiche d'aide pour les élèves moins experts

Sous la direction de l'enseignant, les élèves résument la situation : deux oiseaux, un canard, un hibou. L'un dort la nuit, l'autre dort le jour.

Puis guidés par la fiche, ils lisent seuls de la page 20 à la page 35.

• Lecture jusqu'à la page 29.

Pour manger le canard doit (*p. 22*) :

- ❑ planer.
- ❑ plonger.
- ❑ nager.
- ❑ courir.
- ❑ voler.

Pour chasser et manger le hibou doit (*p.24, 25, 26*) :

- ❑ nager.
- ❑ planer entre les arbres.
- ❑ courir.
- ❑ ne pas faire de bruit.
- ❑ piquer sur les petites bêtes.

Le hibou pense que tous les animaux mangent comme lui, pendant la .... (*p. 28*).

Le canard pense que tous les animaux mangent comme lui, pendant le ....

• Lecture jusqu'à la page 35.

Rechercher à propos des deux oiseaux, les sujets de leurs disputes (*p. 32*) :

- ❑ Ce qu'ils mangent est différent.
- ❑ Ils se disputent pour la même proie.
- ❑ Ils ne dorment pas au même moment.
- ❑ Ils n'ont pas le même plumage.

Finalement, ces disputes ont-elles des raisons d'être ? (*p.33*) :

- ❑ oui.
- ❑ non.

Le hibou pense que (*p. 34 et 35*) :

- ❑ ce canard lui plaît.
- ❑ ce canard est insupportable.
- ❑ jamais ils ne pourront être amis.
- ❑ un jour ils pourront être amis.

Les pieds du canard sont commodes pour ....
À votre avis, le hibou sait-il nager ?

▲ Activités pour les élèves plus experts

Ces élèves ont lu l'histoire intégralement. Il s'agit désormais de déterminer quelles réponses sont apportées au questionnement d'origine et surtout de revenir systématiquement sur la thématique de l'histoire et son message de tolérance.

Les différences entre les deux oiseaux

Il s'agit dans le premier exercice de noter les références des pages ou les informations.

Les rythmes : sommeil, alimentation

Le hibou	*Le canard*
p. ... Il dort en plein jour. *p.* ... Quand il fait sombre, il attend de voir passer quelque chose à manger.	*p. 19* .... *p.* ... Il mange en plein jour.

Les lieux de vie, de chasse…

Le hibou	*Le canard*
p. ... Tout en haut dans le bouleau. *p.* ... Planer entre les arbres de la forêt.	*p. 8* .... *p.* ... Il cherche à manger dans l'eau.

• La première différence entre les deux oiseaux c'est (*p. 19 et 20*) :

❑ la couleur du plumage.
❑ le chant.
❑ le moment du sommeil.

• La deuxième différence c'est (*p. 22 à p. 27*) :

❑ la couleur du plumage.
❑ la façon de se nourrir.
❑ la façon de voler.

• La troisième différence c'est (*p. 36 à 41*) :

❑ le lieu où ils se sentent le mieux pour vivre.
❑ la façon de courir.
❑ la forme de leur bec.

Les lieux traversés par les deux oiseaux

Il s'agit, comme précédemment, de donner l'information ou la référence de la page.

• Cette histoire se passe :

❑ dans une prairie.
❑ vers une rivière.
❑ sur un sapin.
❑ sur un bouleau.
❑ près d'une mare.
❑ dans une forêt.
❑ en montagne.

• Au cours du récit où se trouvent ?

le canard	*le hibou*
p. … sur l'eau de la mare	*p.* … tout en haut dans le bouleau
p. … sur la terre ferme	*p.* … posé dans la prairie
p. 13 ………………	*p.* … par terre
p. … posé dans la prairie	*p.* … sur la branche d'un arbre
p. … par terre	*p.* … (à deviner)
p. 37 ………………	
p. 55 ………………	

L'utilisation du temps chez les deux oiseaux

Les indicateurs de temps (donnés dans le tableau ci-après) sont à trouver à partir des références des pages.

Le hibou	*Le canard*
p. 19 Il dort le jour. *p. 20* Quand il fait bien sombre, il chasse. *p.28* Il a faim à la nuit tombée.	*p. 19* Il dort la nuit. *p. 27* Il mange en plein milieu de la journée. *p. 28* Il mange en plein jour. *p. 57* Il dort lorsque tombe la nuit.

Les activités des deux oiseaux

Relever, en deux colonnes, des verbes d'action qui dénotent les habitudes de vie des oiseaux.

Le hibou	*Le canard*
dormir piquer s'ébrouer s'envoler manger planer battre des ailes	nager plonger dormir s'ébrouer s'envoler manger battre des ailes

Repérage des ressemblances et des différences

Ressemblances	*Différences*
manger – dormir s'ébrouer – s'envoler battre des ailes	nager – piquer plonger – planer

Bilan sur la notion de différence apparente et relevé des signes qui annoncent la réconciliation finale

Le canard trouve que le hibou a (*p. 17*) :

- ❑ un joli bec.
- ❑ de jolies ailes.
- ❑ de jolies pattes.

Le hibou trouve que le canard a (*p. 35*) :

- ❑ de beaux pieds.
- ❑ de belles plumes.
- ❑ un drôle de cri.

▲ Autres activités possibles

Le récit est riche en dialogues.

On peut trouver là l'occasion de compléter l'outil *verbes introducteurs du dialogue* dont on a présenté le premier état dans l'étude de *Plouf !* :

doucement	*d'un ton neutre*	*fort*
Il bougonna. Le hibou grinça. Le canard railla. Il susurra. Il grommela. Il parla d'une voix ensommeillée.	Le canard demanda. Le hibou dit. Le hibou répondit. Il cancana. Il répliqua. Il ajouta.	Il s'écria. Il cria. Le hibou siffla. Le canard s'énerva. Il hurla. Il s'offusqua.

En relation avec la biologie, les illustrations peuvent faire l'objet d'une étude spécifique.

Elles fournissent en effet des renseignements sur :

– la morphologie des deux oiseaux (plumages, becs, yeux, pattes…),

– la végétation d'un milieu humide (bouleau, saule, roseaux, nénuphars, lentilles d'eau, iris…),

– les animaux occupant ce milieu (serpent, campagnol, oiseaux, renard, grenouilles, insectes, vers…).

Elles incitent à des recherches complémentaires en bibliothèque (pour les élèves experts).

LA LECTURE LONGUE AU TROISIÈME TRIMESTRE

23

LE LONG MANTEAU BLEU

Le long manteau bleu de Jeanne Willis et Susan Varley (1988) est édité par Gallimard, dans la collection Folio benjamin.

▲ Les raisons du choix

Le long manteau bleu est une histoire douce et poétique, ancrée dans le monde de l'enfant – l'école, la famille – et ouverte sur l'imaginaire. Son message, fort proche de celui de l'histoire précédente, est cependant transmis dans un style, une langue, une situation radicalement différents.

Un petit garçon qui vient d'ailleurs, triste et fatigué comme le *Petit Prince* de Saint Exupéry, est accueilli tout naturellement à l'école comme si la maîtresse l'attendait. Il est hébergé chez la narratrice tout aussi naturellement mais refuse, quel que soit le lieu où il se trouve, de quitter le manteau bleu qu'il porte, symbole de son identité.

L'histoire pose la question de l'accueil de l'autre, du regard porté sur tous ceux qui sont différents. Les dernières illustrations apprennent au lecteur que Thomas, le petit garçon au manteau bleu, est un extra-terrestre, comme si tout ce qui est différent était extra-terrestre.

▲ Amorce de la fiche signalétique

Titre : Le long manteau bleu.
Auteur : Jeanne Willis.
Illustrateur : Susan Varley.
Collection : Folio benjamin.
Éditeur : Gallimard.

D'où vient ce mystérieux petit garçon ? Pourquoi vient-il un jour à l'école vêtu d'un long manteau bleu qu'il refuse d'enlever ? Qui est-il ?

▲ Activités possibles

(après lecture du texte dans son entier)

Les données de base du récit

Les élèves sont conviés à remplir le tableau suivant en ne retenant que l'information exacte :

Quel est le personnage principal ? 1	Quels sont les autres personnages ? 2	Où se passe l'histoire 3	Quand ? 4	Qui la raconte ? 5

1. une petite fille au manteau bleu – un garçon au pull rouge – Thomas – un petit garçon au long manteau bleu – la personne qui raconte.

2. le papa de Thomas – la maman de Thomas – un maître – la maîtresse de la classe – une petite fille – la maman de la petite fille – le papa de la petite fille – des élèves.

3. dans un magasin – à l'école – dans le grenier – chez le personnage qui raconte – chez l'auteur – dans la rue – dans la chambre de celle qui raconte – au cinéma – ailleurs.

4. en été – en hiver – pendant les vacances – un jour de classe – au petit déjeuner chez la narratrice – à l'heure du goûter chez la narratrice – pendant la nuit.

5. Thomas – la narratrice – la maîtresse – la maman de Thomas – Jeanne Willis.

L'exercice a bien entendu pour objectif de vérifier que les élèves ont compris les données de l'histoire, notamment perçu les personnages en présence et leur rôle.

Il vise aussi et surtout à prévenir la confusion entre auteur et narrateur, hautement probable dans le contexte : l'auteur de l'histoire est une femme, Jeanne Willis, qui choisit de faire raconter l'histoire par un *personnage*-narrateur féminin et l'on imagine aisément comment le « je » de la narratrice peut être interprété comme le « je » de l'auteur et comment l'histoire peut être reçue comme un *témoignage authentique*.

C'est à cette occasion qu'est introduite la notion de *narrateur*, incontournable pour parvenir à saisir le pacte de lecture.

Le personnage principal

Synthèse des informations le concernant.

• Ce que l'on sait de lui

- Son nom :.......
- Son portrait physique (*p.3 et p.22) :* ......
  - ses bras .....
  - ses jambes ......
  - ses pieds ......
- Les vêtements qu'il porte (*p. 3 et p. 6) :* ....
- Son emploi du temps durant son séjour sur Terre (à reconstituer).

6. Il dîne, puis il se couche dans le lit de la narratrice.
2. Il enlève sa casquette, son écharpe et ses gants.
5. La maman l'emmène goûter avec la narratrice, chez elle.
3. Il peint un portrait de sa maman avec un long manteau bleu.
1. Il arrive à l'école.
6. Il goûte, il pleure et dit qu'il est fatigué.
7. Il s'en va dans une soucoupe volante.
4. Il sort de l'école, il est tout seul.

• Ce que l'on ne sait pas de lui

d'où il vient, pourquoi il vient, pourquoi il refuse d'enlever son manteau, où il repart, qui l'attend, pourquoi la maîtresse l'accueille aussi naturellement .

C'est autour de ces questions qu'est menée une discussion collective.

Des activités d'écriture

L'entrée dans la production écrite se fait, on l'a vu, dès le début de l'année scolaire, sous la forme de la dictée à l'adulte (*cf.* la suite de *Plouf !*) puis par alternance de recherches individuelles et de réflexions collectives (*cf.* le poème pour la fête des mères).

Dès le troisième trimestre, les élèves doivent prendre la plume seuls.

Autour du *Long manteau bleu*, ils peuvent :

– compléter la fiche signalétique du roman (ce que raconte l'histoire, son intérêt) ;

– en tenant compte des caractéristiques du récit (à dégager collectivement), écrire, à partir des illustrations des pages 24 et 25 ce que la narratrice a pu voir ;

– imaginer le destin ultérieur du petit garçon.

DEUXIÈME PARTIE

LIRE – ÉCRIRE DES TEXTES DOCUMENTAIRES

ÉCRIRE, LIRE AUTOUR D'UN PROJET

24

DESCRIPTION DU PROJET

▲ Lecture et écriture : leurs articulations

Dans les fiches précédentes (n° 5, 14 et 20), les activités de production de textes présentées trouvent leur origine et leur matière dans les activités de lecture. En d'autres termes, de manière tout à fait classique, surtout au cours préparatoire, l'écriture succède à la lecture :

– la lecture donne envie d'écrire (envie d'imiter, envie de poursuivre) ;

– des savoirs sont construits au cours de la lecture (verbes introducteurs du dialogue, modalités de reprise…) en vue d'une écriture éventuelle ; mais ces savoirs ne sont pas directement reliés à un projet d'écriture explicite.

Dans les fiches qui vont suivre, de manière plus originale dans un CP, classe où la lecture est considérée comme la préoccupation essentielle, ce sont les activités d'écriture qui sollicitent le recours à la lecture.

Parce qu'ils ont un projet d'écriture et qu'ils rencontrent dans sa mise en œuvre des obstacles, les élèves sont tout naturellement conduits à recourir à des textes de référence pour prélever le savoir nécessaire à la réalisation de leur projet.
Lecture et écriture sont alors beaucoup plus étroitement et légitimement articulées. De plus, la lecture est abordée, comme elle se doit de l'être, même au stade des apprentissages fondamentaux, comme un *moyen* pour accéder à une culture (linguistique, encyclopédique, anthropologique…), et non comme une fin en soi.

▲ Un projet de classe, des projets d'écriture ou *Le loup, mythes et réalités*

Le projet de classe naît de la lecture de *Rebelle le loup* : en savoir plus sur le loup (même si l'on craint aussi d'en savoir plus…), l'approcher de près, et pour ce faire, rendre visite au *Parc des loups du Gévaudan* dont on a lu le prospectus publicitaire.

Autour de ce projet de classe, en amont et en aval, vont naître des projets d'écriture impliquant le recours à la lecture (en classe ou à la BCD), dans toute une série d'emboîtements.

En amont de la visite et pour la préparer, les élèves sont conduits :

– à écrire au directeur du parc (après avoir observé un corpus de lettres de demande) ;

– à lire des cartes de géographie pour localiser le parc et se représenter le trajet ;

– enfin, à élaborer un questionnaire, élaboration qui implique la convocation de savoirs acquis antérieurement.

En aval de la visite, les élèves souhaitent diffuser les renseignements récoltés au parc et en BCD. Trois moyens de diffusion, auxquels correspondent trois types d'écrits différents, sont envisagés :

– un texte de type expositif-explicatif pour le journal scolaire édité par les CM2 ;

– un script pour le spectacle de fin d'année autour de la légende de la bête du Gévaudan ;

– des légendes pour une suite de documents iconographiques dans le cadre de l'exposition des travaux de classe.

Ces trois tâches d'écriture nécessitent le recours à la lecture d'écrits de référence aussi bien scientifiques qu'historiques. Leur réalisation implique également le développement de compétences linguistiques et permet ainsi d'articuler autour du projet signifiant (pour tous les élèves) des activités de systématisation habituellement traitées de manière décontextualisée.

▲ Une pratique documentaire rigoureuse

Le projet global qui va être détaillé dans les fiches suivantes, n'est évidemment pas reproductible. Sa présentation a pour objet de montrer que le projet (de classe, d'écriture) permet d'assurer la cohésion et l'efficacité des apprentissages.
Sur un autre plan, elle vise à montrer que les objectifs d'un enseignant de CP peuvent, doivent être ambitieux et qu'il est possible et souhaitable d'initier très précocement les élèves à une démarche rigoureuse de « *recours à la documentation scientifique et historique* » : du questionnement cerné, en passant par la recherche pertinente et organisée, à la restitution des informations recueillies.

UN QUESTIONNAIRE AVANT VISITE

25

DÉROULEMENT DU PROJET

Le questionnaire destiné à la visite du Parc du Gévaudan a été rédigé à la fin du deuxième trimestre.

L'objectif de l'ensemble des séquences présentées est de conduire l'élève à prendre conscience qu'un questionnaire se prépare et que sa rédaction suppose :

– *Une réflexion sur soi* (ce que l'on sait déjà, ce que l'on ne sait pas encore et qu'on voudrait savoir, ce qui implique une recherche préalable pour déterminer les zones de questionnement possibles).

– *Une réflexion sur le destinataire* (les questions auxquelles il peut ou ne peut pas répondre).

– *Une réflexion sur les caractéristiques formelles d'un questionnaire* et notamment l'ordonnancement des questions.

L'élaboration d'un questionnaire est une activité qui dépasse largement l'activité d'écriture, entendue *stricto sensu*, qui s'y rapporte. Pour préparer ses questions l'enfant doit se décentrer de ses propres repères, se détacher de ses certitudes rassurantes, se situer par procuration dans un autre temps, un autre lieu. Il doit aussi prendre en compte l'avis des autres, apprendre à travailler en équipe sur un objectif commun.

▲ Quel questionnement ?

Formulation de la consigne par l'enseignant

« *Je vous rappelle que nous avons décidé d'aller visiter le Parc des loups du Gévaudan et que pour obtenir des renseignements sur place nous avons pensé rédiger un questionnaire pour Monsieur Ménatory qui est le directeur du parc. Comment allons-nous nous y prendre ?* ».

À la recherche d'une stratégie

Les élèves se donnent la stratégie suivante : ne pas poser de questions sur ce qu'on sait déjà et chercher ce qu'on voudrait savoir.

Au cours de cette recherche collective, le maître aide les élèves à ne pas quitter le strict point de vue scientifique.

Le bilan est inscrit au tableau, partagé en deux colonnes :

Ce que l'on sait (ou ce que l'on croit savoir)	*Ce que l'on aimerait savoir*
Les loups vivent dans les pays froids.	S'ils mangent d'autres animaux.
Ils chassent des cerfs.	S'ils vivent tous dans les pays froids.
Ils vivent à plusieurs.	Comment ils vivent ensemble.
En meute.	Ce qu'ils font dans la journée.
Ils marchent les uns derrière les autres.	Pourquoi Monsieur Ménatory a des loups.
C'est difficile d'entrer dans une meute.	Combien il en a.
Ils ont des dents fortes, des crocs.	Quand naissent les bébés et où.
Les loups hurlent.	Combien une louve a de bébés.
La louve choisit un loup.	Ce qu'ils boivent.
Ils s'aiment toute la vie.	Si les bébés chassent.
Il y a huit loups dans une meute.	Si les loups du parc ont un nom.
…	

Mise à l'épreuve de la stratégie

Le maître demande comment procéder à partir du tableau précédent pour établir le questionnaire. Les élèves répondent naturellement qu'il faut traduire en questions les éléments notés dans la colonne « Ce que l'on aimerait savoir ».

L'opération permet ainsi de passer de « *s'ils mangent d'autres animaux* » à « *Est-ce qu'ils mangent d'autres animaux ?* ». Le maître attire l'attention des élèves sur l'opacité de la question pour le destinataire et sur la nécessité de formuler autrement la question : « *Monsieur Ménatory n'a pas lu comme nous* Rebelle le loup. *Il ne sait pas que Rebelle a mangé un vieux cerf et ne comprendra pas " d'autres animaux "* ».

Il met également en relation le « savoir » tiré de la lecture de *Rebelle* (« *Il y a huit loups dans la meute* ») et la demande (« *Comment vivent-ils ensemble ?* ») pour conduire les élèves à mettre systématiquement en doute leurs connaissances supposées : « *On sait qu'il y a huit loups dans la meute que rencontre Rebelle. Mais pouvez-vous être sûrs que les meutes comportent toujours le même nombre d'individus ?* »

Les questions initiales sont ainsi étudiées les unes après les autres.

▲ Apprendre à rédiger des phrases interrogatives

Certaines questions tirées du tableau de la page 108 sont formulées de manière maladroite. L'enseignant saisit là l'occasion pour faire travailler la phrase interrogative (les amorces de la phrase, sa ponctuation). L'activité est conçue comme une activité de structuration, qui suppose un décrochage momentané du projet d'écriture mais qui trouve sa justification dans le projet même et permettra de le mener à bien. Les questions d'origine mal posées sont reformulées.

La classe, au cours de ses lectures antérieures, avait amorcé la construction d'un outil collectif intitulé « l'affiche à questions ». L'étude précédente permet de le compléter (les questions qui figuraient déjà sur l'affiche sont en écriture droite, celles qui ont été utilisées pour l'élaboration du projet sont écrites en *italique*, les marqueurs d'interrogation sont soulignés) :

L'affiche à questions

Où vas-tu ?
Pourquoi riez-vous ?
Qui a fini son travail ?
Que vois-tu ?
Quel est le titre de ce livre ?
Quelle heure est-il ?
De quels pays viennent-ils ?
Combien y a-t-il de loups ?
Comment vivent-ils ensemble ?
Est-ce-que tu es prêt ?
Es-tu prêt ?
Y a-t-il encore des loups ?

▲ Décomposer le sujet en rubriques

Un élève remarque qu'il y a « *plusieurs questions sur les bébés loups, sur ce qu'ils mangent…* » et qu'il faut « *mettre ensemble ce qui va ensemble* ».

À l'aide de craies de couleur, on repère les différents thèmes traités : « *Il y a ce qu'ils mangent. Il y a les mamans et les bébés. Il y a ce qu'on veut savoir sur le parc et ce qu'on veut savoir sur la meute* ».

L'enseignant aide à la formulation des titres de rubriques :

– *le parc du Gévaudan,*
– *la vie en groupe,*
– *la reproduction,*
– *la nutrition.*

Il explicite le sens des mots « reproduction » et « nutrition ». Les titres sont écrits au tableau.

▲ Rechercher une mise en page

La classe décide d'écrire les titres des rubriques en majuscules, de séparer et de numéroter les questions. C'est l'enseignant qui se charge de la mise en page. Le texte définitif écrit sur une grande affiche se présente ainsi :

Préparation de la visite du parc du Gévaudan

1. Le parc du Gévaudan :

- Pourquoi avez-vous choisi ce métier ?
- Pourquoi aimez-vous les loups ?
- Combien y a-t-il de loups dans votre parc ?
- De quels pays viennent-ils ?
- Est-ce que chaque loup a un prénom ?

2. La vie en meute :

- Combien y a-t-il environ de loups dans une meute ?
- Quel est le chef de tous les loups du parc ?
- Comment vivent-ils ensemble ?
- Que font-ils ensemble ?
- Où se réunissent-ils ?

3. La reproduction :

- Est-ce que c'est toujours la louve qui choisit son loup ?
- Combien de louveteaux une louve a-t-elle dans sa vie ?
- Comment naissent les petits ?
- Où naissent-ils ?
- Boivent-ils le lait de leur mère ?
- Combien pèsent-ils à la naissance ?

4. La nutrition :

- Que mangent-ils ?
- Quels animaux chassent les loups dans le parc ?
- Combien de fois mangent-ils par jour ?
- Que boivent-ils ?

Chaque élève est invité à relire silencieusement la rubrique de son choix puis à calligraphier le texte rédigé sur une feuille, de sorte qu'il dispose personnellement du questionnaire le jour de la visite.

UN TEXTE EXPOSITIF-EXPLICATIF SCIENTIFIQUE

26

DÉROULEMENT DU PROJET

▲ Nature du projet

La visite au parc du Gévaudan a eu lieu. Les enfants ont pu recueillir des renseignements grâce au questionnaire qu'ils avaient élaboré. L'idée naît de diffuser largement ce savoir nouvellement acquis sous la forme d'un texte à paraître dans le journal édité par les CM2. Il s'agit donc de mobiliser le savoir acquis et de l'organiser pour le rendre communicable.

Durée

Six séquences de quarante-cinq minutes.

Organisation pédagogique

L'introduction et la conclusion du texte sont rédigées par la classe en son entier. Pour rédiger le corps du texte, la classe est divisée en trois groupes qui prennent chacun successivement en charge une rubrique.

Le nombre restreint des élèves qui participent à la rédaction permet de faciliter la prise de parole.

Les deux groupes qui ne participent pas momentanément à la rédaction font des exercices de lecture qui les préparent à l'écriture (*cf.* fiche 27).

Références utilisées à un moment ou à un autre de la rédaction

– Outils collectifs « Procédés de reprise dans un texte explicatif », « Connaissance du loup », « Indicateurs temporels », « Ponctuation ».
– Globe terrestre et planisphère.
– *Grand Atlas des animaux* (1).
– Un corpus de textes documentaires scientifiques.
– Les livres documentaires utilisés au cours de la recherche (*cf.* fiche 37).

1. *Le grand Atlas des animaux*, Gründ, 1992.

▲ Sélection et regroupement des informations

Objectif

Apprendre à gérer l'objet du discours.

Matériel et supports utilisés

Affiche collective : questionnaire élaboré avant la visite, notes prises par l'enseignant pendant la visite et enregistrement des informations, magnétophone, tableau.

À la recherche d'informations possibles

– Formulation de la consigne : « *Nous voulons écrire un texte pour informer les autres élèves sur la vie des loups. Nous avons appris des choses en allant au parc. Alors il faut nous souvenir de ce que nous avons appris et nous demander ce qu'il faut garder pour le texte du journal.* »

– Les élèves exposent de manière informelle les informations qu'ils ont retenues. Parmi ces informations apparaissent des anecdotes qui n'ont qu'un rapport lointain avec le thème scientifique retenu : la vie des loups. L'enseignant ramène périodiquement l'attention sur la nature du projet initial, ce qui permet d'éliminer les informations parasites.

Les remarques spontanées sont naturellement formulées dans le désordre. L'enseignant rappelle le questionnaire d'origine : son organisation en quatre thèmes va servir de cadre provisoire pour regrouper les informations.

La règle d'écriture que se donne la classe : « *On n'écrit qu'une fois la même idée. On n'écrit que ce qui explique la vie des loups* » permet d'aboutir au tableau suivant :

Le parc	*La vie en meute (ou clan)*	*La nutrition*	*La reproduction*
Il y a 142 loups. Ils viennent du Canada.	Il y a dix loups dans une famille. Il y a un chef qui se bat avec les autres loups. Quand ils sont vieux, ils sont tout seuls. Il y a les chefs et ceux qui obéissent.	Ils ne mangent pas tous les jours ! Ils mangent de la viande de bêtes mortes. Ils ne peuvent pas manger seuls. Chaque fois, ils mangent beaucoup de viande crue.	La louve a des petits chaque année. Les petits tètent leur mère. Ils mangent aussi de la viande crachée par les parents. Quand ils naissent, les petits sont aveugles. Quand ils sont grands, ils s'en vont comme *Rebelle le loup*.

Vers un complément d'information

Le maître invite à comparer les informations contenues dans le tableau précédent avec celles contenues dans l'enregistrement fait au parc et dans les notes prises pendant la visite.

Les éléments oubliés sont réintroduits en prenant garde d'utiliser un vocabulaire précis. Le tableau devient alors :

Le parc	*La vie en meute (ou clan)*	*La nutrition*	*La reproduction*
Il y a 142 loups. Ils viennent du Canada, de Mongolie, de Sibérie. Il n'y en a plus en liberté chez nous, sauf dans des parcs naturels. Le parc est en Lozère.	Il y a huit ou douze loups dans une meute. La meute a un loup dominant. Il choisit une louve pour toute sa vie. Ils ont ensemble des louveteaux. Les loups vieux ou seuls obéissent au chef du clan. Le loup dominant se bat chaque année pour garder sa place : s'il ne gagne pas, il s'en va. Les loups de la meute se déplacent, mangent et chassent toujours ensemble.	Au parc, les loups mangent trois fois par semaine. On leur donne de la viande qu'on ne peut pas manger. Il leur faut 5 kg de viande chaque fois. Ils ont un régime carnivore. Dans la nature, les loups chassent les rennes, les élans. Ils mangent des poissons, des lapins et des souris. Les loups ne tuent que pour manger.	Le loup dominant et sa louve ont des louveteaux au printemps. Il y en a trois et jusqu'à neuf. Les louveteaux tètent leur mère pendant 45 jours. Après le lait, ils mangent de la viande mâchée par les grands. Ils chassent à 6 mois avec la meute. À deux ans ils s'en vont.

▲ Gestion de l'objet texte

Objectif spécifique

Transposer en texte les données mises en tableau. Pour ce faire, conduire les élèves à identifier quelques caractéristiques formelles du texte expositif-explicatif et à les mettre en œuvre dans leur production.

À la recherche d'une stratégie

L'enseignant pose la question la suivante : « *Nous avons rassemblé tout ce que nous voulions dire dans un tableau. Avons-nous terminé notre travail ?* »
La question déclenche un débat entre ceux qui pensent que la tâche fixée au départ est accomplie et ceux qui pensent qu'elle ne l'est pas. L'accord se fait sur un certain nombre de principes :

– écrire un texte (« *Ce serait une bonne idée de garder le tableau mais il faudrait mieux dire, être encore plus précis. On avait dit qu'on écrivait un texte, ce n'est pas un texte* ») ;

– qui explique (« *Il faut bien expliquer pour ceux qui n'ont pas visité le parc* ») ;

– et qui prenne bien en compte la nature des destinataires (« *Le journal est lu par les enfants et par les parents. Il faudra mettre des titres...* »).
L'enseignant suggère d'observer des écrits authentiques similaires avant de se lancer dans l'écriture.

À la recherche de moyens pour mettre en œuvre la stratégie

Le maître apprend aux élèves que pour écrire un texte, quel qu'il soit, il est souvent utile de regarder préalablement comment les autres (les adultes) s'y prennent. Il distribue un corpus de textes documentaires scientifiques avec pour consigne de repérer les différentes mises en page possibles. Les élèves remarquent qu'il y a souvent « *des paragraphes avec des titres, des numéros, des tirets comme dans les recettes, parfois des* * *ou des* • », qu'avant ces signes « *on va à la ligne* », que les deux points sont fréquents ainsi que les retraits au début des paragraphes.

La remise en ordre d'un texte présenté sous forme de puzzle permet de confirmer la nécessité de faire des paragraphes et de les titrer.
La classe se donne les règles d'écriture suivantes :

1. Il faut bien mettre en ordre les explications.
2. Il faut faire des paragraphes et leur mettre des titres.
3. Il faut écrire les titres en majuscules et mettre des tirets pour séparer les idées.
4. Il ne faut pas toujours répéter le mot loup.

La quatrième règle n'est pas tirée du corpus d'étude. Elle exprime un souci qui trouve son origine dans l'étude des substituts, entreprise dès le début d'année.

▲ Mise en texte

Démarrage

Le maître rappelle le projet (*qu'avons nous à faire ? pourquoi ? pour qui ?*), les règles d'écriture fixées par le groupe, les données du tableau.

Écriture

Voir fiche 28.

Aboutissement

Le texte composé est le suivant :

LA VIE DES LOUPS

Nous sommes allés visiter le Parc des loups du Gévaudan en Lozère. Ce parc compte 142 loups. Ils viennent du Canada, de Mongolie et de Sibérie. On nous a expliqué comment vivent ces canidés et pourquoi ils ont disparu dans notre pays.

Vie en meute ou clan

Chaque meute est composée de huit à douze loups environ :
- le loup dominant ou chef,
- la louve qu'il a choisie pour toute sa vie,
- leurs louveteaux,
- les loups plus vieux et plus faibles pour aider à chasser, à se défendre.

Le dominant doit se battre à la fin de chaque hiver contre des loups plus jeunes.
S'il perd la bataille, il part avec sa louve à la recherche d'une autre meute où ils serviront les plus forts.

Nutrition

Les loups ont un régime carnivore. Ils ne tuent jamais pour le plaisir. Ils ne chassent que pour manger.

1. Au parc :
Les loups ne peuvent pas se nourrir seuls ; on leur donne 5 kg de viande chacun trois fois par semaine.

2. À l'état sauvage :
Ils chassent le gros gibier : rennes, élans, caribous…
Lorsqu'ils ne trouvent pas de gros gibier, ils se nourrissent de poissons, de lapins, de grenouilles… S'ils ont très très faim, ils mangent des limaces, des insectes, des fruits sauvages…

Reproduction

Les loups forment des couples pour toute une vie.
Au printemps, ils cherchent un endroit pour élever leurs petits bien à l'abri.
La louve met au monde de 3 à 9 louveteaux. Elle les porte 63 jours.
Les louveteaux tètent leur mère de la naissance à 45 jours. Après le sevrage, ils sont nourris par les adultes qui leur mâchent de la viande. Ils chassent avec la meute vers l'âge de 6 mois. À partir de deux ans, ils la quittent pour une autre ou pour former un nouveau clan.

Disparition du loup

Depuis plus d'un siècle, les loups n'existent plus chez nous en liberté.
Ils ont été tués par les hommes qui avaient peur. Dans plusieurs pays, on les a massacrés pour le plaisir de la chasse et pour leur fourrure.

Le loup aujourd'hui

Les loups sont encore très nombreux au Canada, en Sibérie… Aujourd'hui, c'est une espèce protégée. Il est interdit de les tuer sauf si c'est nécessaire. Les loups sont utiles dans la nature. Ils chassent le gibier malade ou trop nombreux.
Des savants étudient ces canidés pour en remettre en liberté. Tout le monde n'est pas d'accord.

UN TEXTE EXPOSITIF-EXPLICATIF SCIENTIFIQUE

27

AUTRES ACTIVITÉS DE LECTURE EN PARALLÈLE À L'ÉCRITURE

Les exercices suivants ne sont pas des tâches occupationnelles. Ils sont destinés à préparer, accompagner, nourrir l'écriture du texte. Ils fournissent du matériau linguistique ou scientifique transférable dans le projet. Certains d'entre eux sont effectués par tout le groupe classe entre les phases d'écriture, la plupart sont proposés en alternance aux élèves momentanément non scripteurs pendant que leurs camarades rédigent un paragraphe.

▲ Activités autour de la chronologie et de la durée des événements

(Travail individuel ou à deux.)

Repérer, à l'aide d'un surligneur, les indicateurs de temps qui font progresser le thème

Les loups et leurs petits[1]

Lorsqu'un loup dominant choisit une louve, ils forment un couple pour toute une vie.
À la fin de l'hiver, le loup et la louve cherchent un abri pour élever leurs petits.
Au bout de neuf semaines, la louve met au monde de trois à neuf louveteaux.
Les bébés loups tètent leur mère pendant deux mois.
Ils mangent de la viande déjà mâchée par les loups adultes à partir de cinq semaines.
Vers six mois, ils commencent à chasser avec les grands. C'est au bout de deux ans qu'ils quittent la meute.

1. L. Bour, *Loup qui es-tu ?*, Découverte Benjamin, Gallimard, 1986.

• Cocher la réponse exacte

Combien de temps, un couple de loups vit-il ensemble	quelques mois ?	❑
	quelques jours ?	❑
	toute une vie ?	❑
	une seule année ?	❑
À quel moment de l'année cherchent-ils un abri	à la fin de l'hiver ?	❑
	au début de l'été ?	❑
	en plein hiver ?	❑
	en automne ?	❑
À partir de quel âge la première chasse a-t-elle lieu	vers soixante jours ?	❑
	vers l'âge de deux ans ?	❑
	à partir de neuf semaines ?	❑
	vers six mois ?	❑

Remettre dans l'ordre d'apparition les différents modes d'alimentation

le gibier chassé avec les grands – le lait de la mère – la viande mâchée par les loups adultes.

Reconstituer un texte documentaire présentant des marqueurs temporels[1]

Aujourd'hui on sait que le loup est un animal utile en nombre raisonnable et sa chasse est très surveillée dans les régions où il en reste.

Pendant des dizaines de siècles les loups ont peuplé presque tous les pays du monde.

Depuis quelques années, ils ont en grande partie disparu même dans les régions polaires car ils ont été massacrés pour le plaisir et pour leur fourrure.

1. D'après des extraits de, S. Girardet, Cl. Merleau-Ponty, A. Tardy, *Les grands méchants loups*, Bayard, 1990.

▲ Activités autour du lexique

Associer un vocabulaire technique ou scientifique à des rubriques

Se nourrir – marcher à la queue leu leu – chasser – un carnivore – une meute – un loup dominant – bondir – du gibier – commander – des cris pour se comprendre – téter – de longues pattes robustes – des crocs très forts – une proie – le territoire du clan – marcher à pas de loup – un loup qui obéit au chef – une course rapide – mâcher la viande.

Vie en groupe	*Nutrition*	*Déplacements*
...	...	...

Trouver les reprises anaphoriques adéquates

Il s'agit de choisir parmi trois propositions, la seule qui convienne (idée sous-jacente qui sera formulée en cours d'écriture : les reprises se choisissent toujours contextuellement).

Le loup, ... , peut tuer un caribou d'un seul coup de mâchoire.

ce bon père de famille.
cet excellent chasseur.
animal obéissant.

Ne tuant que pour se nourrir, ... peut se contenter de poissons.

le canidé.
un animal féroce.
ce carnivore.

Note : les enfants doivent réécrire les phrases en entier.

Activité autour des expressions populaires et de leur signification scientifique sous-jacente

Avoir une faim de loup, c'est :

manger très peu.
avoir très très faim.
être difficile, ne rien aimer.

Marcher à pas de loup, c'est :

faire des grands pas.
marcher très vite.
marcher sans faire de bruit.

Marcher à la queue leu leu, c'est :

marcher les uns derrières les autres.
marcher les uns à côté des autres.
marcher en groupe.

Activité autour de la formation des mots

appliquer → application	imiter → …	expliquer → …
additionner → addition	former → …	se reproduire → …
informer → information	disparaître → …	se nourrir → …

On observe les différences qui existent dans certains cas entre le mot racine et le mot dérivé.

▲ Compréhension d'un texte documentaire

Les questionnaires qui accompagnent les textes suivants ne sont pas de simples questionnaires de vérification de la compréhension. Ils ont une finalité dans le cadre du projet : réactiver ou compléter les informations recueillies au parc, bref, augmenter le capital de connaissances.

Premier exercice

• Repérer, à l'aide d'un surligneur, la réponse exacte dans le texte

Les loups attaquaient-ils les gens : souvent – jamais – très très rarement – chaque hiver ?

La disparition du loup[1]

Il y a des siècles et des siècles les loups étaient présents presque partout dans le monde et il y a deux cents ans ils étaient encore les rois des forêts dans notre pays. Lorsqu'ils avaient très faim ils attaquaient les troupeaux. Très très rarement ils attaquaient aussi des gens. Leur vie était mal connue, on avait peur. Alors on les a massacrés jusqu'au dernier.
Plus tard, on s'est aperçu qu'ils dévoraient les renards et les lapins trop nombreux. Quand ils ont disparu, ce sont les renards qui sont devenus à leur tour trop nombreux. Et puis les hommes et la rage ont détruit les renards et alors les champs et les bois ont été envahis de mulots et de souris qui mangent les plantes !
Aujourd'hui on sait que les loups sont des animaux utiles comme tous les animaux. Il suffit de surveiller leur nombre en les chassant de façon raisonnable. Dans les pays où il en reste encore, ils constituent une espèce protégée.
Devra-t-on remettre des loups en liberté pour garder l'équilibre de la nature ?

1. D'après L. Bour, *Loup qui es-tu ?*, Découverte Benjamin, Gallimard, 1986.

• Surligner la phrase exacte

On avait peur des loups car	leur vie était mal connue. c'était des bêtes terribles. ils dévoraient beaucoup de gens. ils mangeaient des renards.
Aujourd'hui, dans les pays où il reste des loups	on les chasse comme on veut. on les laisse aller où ils veulent. on les protège, mais on les surveille.

• Qui mange qui ou quoi ? (approche de la chaîne alimentaire)

Les loups mangent	des mulots et des souris
Les renards mangent	des plantes
Les mulots et les souris mangent	des renards

Deuxième exercice

• Surligner les mots ou les groupes de mots qui informent sur la nutrition du loup

Les loups mangent du gros gibier ou du bétail. Mais on peut voir aussi ces grands carnivores se nourrir de souris, de grenouilles en été. Pendant les périodes de famine, ils peuvent manger des serpents, des vers ou des limaces et même des insectes. Il faut vraiment avoir une faim de loup ! En remontant les ruisseaux, les loups poussent les saumons dans les lieux peu profonds, et, là, ils les attrapent d'un coup de gueule. Ils savent aussi retourner les pierres pour chercher des écrevisses. Ils peuvent même manger des fruits.
Un loup avale de 4 à 5 kg de viande à chaque repas[1].

• Relever des noms des proies qui permettent au loup de se nourrir (élèves experts), repérage par surlignage (élèves moins experts)

1. D'après L. Bour, *Loup qui es-tu ?*, Découverte Benjamin, Gallimard, 1986.

Troisième exercice

Une espèce protégée [1]

Pendant des siècles les hommes ont massacré des milliers de loups par peur, puis pour le plaisir et pour leur fourrure.
Les loups ont disparu en Europe, mais ils sont encore chez eux en Sibérie, en Alaska, au Canada…
Aujourd'hui, dans ces pays, il est interdit de les chasser en avion, en hélicoptère ou même en traîneau. Tout le monde n'obéit pas encore !
Chaque année, on décide du nombre à tuer et de l'endroit. Il faut bien garder l'équilibre entre le gibier et les loups !
On s'est aperçu, mais un peu tard, qu'en nombre raisonnable, les loups sont utiles dans la nature. Les Esquimaux le savent, eux qui disent : « Le loup garde le caribou en bonne santé ». Il est vrai que les loups débarrassent la nature des animaux trop vieux, malades ou blessés…
Maintenant, la chasse aux loups est très surveillée. On essaie de les protéger et en même temps de les réinstaller dans certains pays. Pour cela, il faut bien connaître leurs habitudes ; c'est pourquoi des savants les étudient jour et nuit.

• Indiquer la réponse exacte à l'aide d'une croix puis surligner dans le texte la phrase où se trouve la réponse

On n'a pas toujours chassé les loups par peur ; on les a aussi chassés :	pour les manger.	❑
	pour le plaisir.	❑
	pour leur fourrure.	❑
Pour le plaisir et pour leur fourrure, on les a chassés :	en train.	❑
	en avion.	❑
	en hélicoptère.	❑
	en traîneau.	❑
	en bateau.	❑
D'un avion ou d'un hélicoptère, on en tuait :	peu, car on ne les voyait pas.	❑
	peu, car cela allait trop vite.	❑

1. D'après D. Bernard, *L'homme et le loup* ; Girardet, Merleau-Ponty, Tardy, *Les grands méchants loups*, Musée en herbe, 1990.

- **Surligner les phrases exactes**

On les chasse, là où on veut.
On en chasse seulement quelques-uns.
Le loup est utile dans la nature.
Le loup massacre tous les caribous.
Les loups débarrassent la nature des animaux malades.
Les savants veulent les réinstaller dans certains pays.
Le loup n'est pas une espèce protégée.

▲ Activité autour d'une orthographe porteuse de sens

Cette activité porte sur l'accord du sujet et du verbe. La question peut bien entendu être traitée indépendamment de tout projet d'écriture et tout projet d'écriture ne permet pas d'intégrer l'ensemble des activités métalinguistiques. Il se trouve simplement que dans le cas présent l'alternance constante dans le texte produit de *le loup/les loups* en position de sujet rend opératoire le traitement en contexte.

le loup pleure → les loups pleurent	il hurle → ils hurlent
le loup hurle → …	il domine → …
le loup mange → …	il trouve → …
…	…
les loups marchent → le loup marche	… → il mange
les loups chassent → …	les loups cherchent un abri → …
	il quitte la meute → …
	le loup mâche de la viande → …
	le petit tète → …

Les compétences à mettre en œuvre dans l'exercice sont mobilisées dans l'écriture en acte. Les occasions sont nombreuses puisque le texte définitif comporte quinze accords sujet pluriel/verbe.

Ultérieurement, pour fixer les acquisitions, on procédera à un relevé des groupes sujet-verbe pour aboutir à une classification sommaire à partir des infinitifs donnés par l'enseignant :

Les verbes comme manger	*Les autres verbes*
chasser → il chasse, ils chassent tuer → il tue, ils tuent …	venir → il vient, ils viennent pouvoir → le loup peut, les loups peuvent se nourrir → il se nourrit, ils se nourrissent…

C'est alors le moment où le groupe classe explicite la règle d'accord, qui sera reprise en fin d'année et les années suivantes.

UN TEXTE EXPOSITIF-EXPLICATIF SCIENTIFIQUE

28

DIFFICULTÉS RENCONTRÉES ET SAVOIRS CONSTRUITS DANS LA MISE EN TEXTE

▲ Difficultés rencontrées

Les obstacles cognitifs

Dans la rédaction, les élèves rencontrent au plan cognitif trois types de difficultés. Ils ont parfois du mal à *mobiliser leurs connaissances* sur un point donné, à *expliciter ces connaissances* pour les faire partager au destinataire, enfin à *tenir compte des règles d'écriture fixées*.

Le rôle du maître consiste alors :
– à activer la mémoire de la visite (renvoi aux données du tableau et, si nécessaire, à l'enregistrement) ;
– à faire retrouver des informations oubliées dans les documentaires déjà utilisés (pour une interaction écriture / lecture) ;
– à faire vérifier les informations avancées pour les valider ou non ;
– à pousser les élèves à se représenter les réactions possibles du destinataire (le projet en vraie grandeur facilite la décentration) ;
– à rappeler les règles d'écriture.

Le court échange suivant permet d'observer ces trois difficultés et comment le maître aide à les surmonter :

ÉLÈVE – « *Il faut écrire quels loups vivent dans la meute* ».
ENSEIGNANT – « *Oui, regardons ce que nous avons mis sur le tableau à ce sujet* ».
ÉLÈVE – « *Le loup dominant qui est le chef. La louve* ».
ENSEIGNANT – « *La louve, quelle louve ?* »
ÉLÈVE – « *La louve qu'il a choisie et leurs petits* ».
ENSEIGNANT – « *Comment appelle-t-on les petits loups ?* »
ÉLÈVE – « *Les louveteaux* ».
ENSEIGNANT – « *J'écris ce que venons de dire : " Quels loups vivent dans la meute ? Le loup dominant qui est chef, la louve qu'il a choisie, les louveteaux "* ».

(Le maître lit à haute voix, en même temps qu'il écrit, la phrase obtenue).
ÉLÈVE – « *On ne comprend rien, il faut mettre des virgules* ».
ENSEIGNANT – « *Oui mais pas seulement. Pour combien de temps le loup a-t-il choisi la louve ? À qui sont les louveteaux ? Nous, nous savons mais les lecteurs vont-ils comprendre ?* »

La phrase est reformulée ainsi : « *Le loup dominant qui est le chef, la louve qu'il a choisie pour toute sa vie, leurs louveteaux.* »

ENSEIGNANT – « *Êtes-vous sûrs d'avoir tout dit ? Regardez le tableau* ».
ÉLÈVE – « *Ah ! non, il y a aussi les vieux loups, les loups seuls ou blessés* ».
ENSEIGNANT – « *On nous a expliqué quelque chose à propos de ces loups. Reprenons les notes et l'enregistrement. […]* »
ÉLÈVE – « *Oui, alors ces loups aident à chasser. " Les vieux loups savent bien chasser et se battre. Ils aident à élever les louveteaux "* ».
ENSEIGNANT – « *Vous m'avez dit tout à l'heure de mettre des virgules dans la phrase : " Le loup dominant qui est le chef, la louve qu'il a choisie pour toute sa vie, leurs louveteaux. " C'est juste et tout à fait possible mais quelle règle de ponctuation nous étions-nous donnée ?* »

Les élèves pensent alors à disposer en colonne les éléments qui composent la meute et à utiliser les tirets. Le segment de texte se présente alors ainsi :

Chaque meute est composée de huit à douze loups environ :
– le loup dominant ou chef,
– la louve qu'il a choisie pour toute sa vie,
– leurs louveteaux,
– des loups plus vieux et plus faibles pour aider à chasser et à se défendre.

Le manque de connaissances textuelles

Au cours de la rédaction, les enfants prennent conscience eux-mêmes de l'insuffisance de leurs connaissances formelles sur le type d'écrit qu'ils ont choisi de produire. Les écrits de référence consultés, qui ont déjà permis d'établir quelques règles d'écriture sommaires, sont sollicités à nouveau comme aide potentielle pour la mise en forme. C'est ainsi que désirant distinguer nettement la nourriture des loups selon qu'ils sont retenus dans un parc ou laissés à l'état sauvage, les élèves recourent au corpus initial et trouvent une solution qui leur agrée (numérotation et sous-titrage) :

1. Au parc :
Les loups ne peuvent pas se nourrir seuls. On leur donne 5 kg de viande chacun trois fois par semaine.

2. À l'état sauvage :
Ils chassent le gros gibier : rennes, élans, caribous…

À d'autres moments, c'est le maître lui-même qui note les manques et met en place, pour tenter de les combler, des activités de structuration décrochées.

C'est ainsi que pour aider les élèves à souligner l'ordre chronologique de certains événements scientifiques, il renvoie la classe à la colonne 4 du tableau de départ où l'on trouve : « *Au printemps – Pendant 45 jours – Après le lait – À 6 mois – À deux ans* ». Le même repérage des marqueurs temporels effectué dans le corpus de textes documentaires permet à son tour de compléter un outil de référence amorcé au cours de la lecture de *Rebelle le loup* :

à l'heure du crépuscule la nuit au lever du soleil depuis si longtemps durant des heures après quatre jours et quatre nuits à la clarté de la lune fin du jour	toute leur vie au printemps au bout de 63 jours de la naissance à 45 jours après le sevrage vers l'âge de 6 mois à partir de 2 ans	quand lorsque après avant puis ensuite pendant	maintenant aujourd'hui alors depuis …
Rebelle le loup	*Texte à produire*	*Vie de la classe*	

Le manque de connaissances linguistiques

Les élèves ont souvent l'intuition qu'ils ne possèdent pas le vocabulaire adéquat. Le maître donne les termes scientifiques ou aident les élèves à les trouver :

ÉLÈVE – « *"Après le lait,les louveteaux mangent ", ce n'est pas bien dit* ».
ENSEIGNANT – « *Je vais vous donner un terme exact : le sevrage* ».
ÉLÈVE – « *Alors ça donne " Après le sevrage, les louveteaux mangent... "* ».
ENSEIGNANT – « *Plutôt que " mangent ", je préférerais que vous utilisiez un autre mot. Relisez le paragraphe sur " La nutrition "* ».
ÉLÈVE – « *Oui, on peut dire " se nourrir "* ».

Le manque de connaissances encyclopédiques

Les textes documentaires présentés à la fiche 27 permettent de trouver les informations manquantes. On apprend ainsi dans *Loup, qui es-tu ?* que les loups à l'état sauvage, faute de gibier, se nourrissent aussi de poissons, de lapins, de grenouilles, voire de limaces, d'insectes ou de fruits sauvages, informations qui seront intégrées au texte.

▲ Savoirs construits

Au cours de ce travail ambitieux, le maître a cherché à développer chez les élèves :

– des *compétences discursives* (savoir tenir compte de la situation de communication) ;

– *des compétences textuelles* (découvrir et mettre en œuvre quelques-unes des caractéristiques du texte documentaire expositif-explicatif) ;

– *des compétences linguistiques*, notamment lexicales ;

– *des connaissances encyclopédiques* (sur le loup, bien entendu, l'équilibre de la nature, la géographie aussi ; par exemple, les élèves ayant appris que les loups du parc viennent de Mongolie, de Sibérie et du Canada, repèrent ces pays sur les cartes de géographie ou l'Atlas des animaux et se renseignent sur leur climat).

Il a aussi cherché à développer des compétences méthodologiques :

– savoir recourir à des écrits de référence et à des outils de travail quand se présente un problème textuel ou linguistique ;

– savoir recourir à des lectures antérieures quand se présente un problème scientifique ;

– savoir mobiliser et mettre en relation des savoirs encyclopédiques prélevés à différentes sources et à des moments différents.

Enfin, indépendamment de l'activité rédactionnelle, il a cherché à mettre les élèves en situation de débattre sur une notion aussi complexe que l'environnement et l'équilibre naturel, c'est-à-dire à développer chez eux une compétence langagière orale. Au moment d'écrire les rubriques « Disparition du loup » et « Le loup aujourd'hui », la discussion s'engage ainsi :

> ENSEIGNANT – « *Alors, d'après ce que vous savez pourquoi les loups ont-ils disparu ?* »
> ÉLÈVE – « *Ils sont tous morts. Ils n'avaient plus assez à manger. On les a tués…* »
> ÉLÈVE – « *Oui mais on nous a dit qu'on en remettait en liberté* ».
> ÉLÈVE – « *Non, pas n'importe comment* ».
> ÉLÈVE – « *Et puis, il y a longtemps qu'on les a tués…* »
> ENSEIGNANT – « *Vous avez tous raison. On avait très peur des loups. On les a chassés et tués. Ils ont disparu à cause de l'homme. Vous avez tous lu le texte " La disparition du loup ". Qu'en avez-vous retenu ? Ce que vous venez de dire, mais encore ?* »
> ÉLÈVE – « *Ils ne mangeaient pas souvent les gens* ».
> ÉLÈVE – « *Oui mais il ne fallait pas qu'ils en mangent du tout* ».
> ÉLÈVE – « *Maintenant on saurait se défendre* ».
> ÉLÈVE – « *Et puis après il y a plein et plein de renards qui dérangent les poules et les lapins. Et aussi les souris. Et puis on a lu qu'il y avait trop de souris et de rats. On pense à l'histoire du joueur de flûte et des rats partout.*
> ENSEIGNANT – « *Vous avez peur, vous qu'on remette les loups en liberté ?* »
> ÉLÈVE – « *On aurait tous peur* ».
> ÉLÈVE – « *Oui mais " Le loup des Vosges " n'a mangé que des moutons. C'était en été et puis il était tout seul* ».
> ÉLÈVE – « *Moi j'aurais peur des meutes…* »
> ENSEIGNANT – « *À condition d'être très raisonnable, attentif à l'équilibre de la nature, en prenant toutes les précautions, les spécialistes pensent qu'on peut remettre quelques loups. Mais beaucoup de gens sont contre cette idée.*

ÉLÈVE – « *Ils sont gentils au parc.* »
ÉLÈVE – « *Oui c'est parce qu'ils sont apprivoisés. Ce ne sont pas des vrais...*
ENSEIGNANT – « *D'où viennent les loups du parc ?* »
ÉLÈVE – « *De Mongolie, de Sibérie, du Canada. C'est qu'il y en a beaucoup encore là-bas.* »
ÉLÈVE – « *On ne les a pas tous tués ?* »
ENSEIGNANT – « *Non, il y en avait trop et puis c'est difficile dans ces régions polaires. Pourtant au Canada, ils étaient chassés en hélicoptère pour leur fourrure. Je rappelle ces informations que vous avez trouvées dans le texte " Une espèce protégée. " En avez- vous retenu d'autres ?* »
ÉLÈVE – « *On ne les tue plus. On n'a plus le droit. On en tue quelques-uns car il ne faut pas en avoir trop. Les Esquimaux les aiment bien. Il en faut pour les caribous* ».
ENSEIGNANT – « *Vous avez retenu de vos lectures que les Esquimaux trouvaient le loup utile. Réfléchissez sur ce proverbe esquimau : " Le loup tient le caribou en bonne santé ". Je l'écris au tableau* ».
ÉLÈVE – « *On a lu que les loups mangeaient les caribous malades. Ils cherchent les caribous blessés, c'est facile pour eux pour la chasse. Alors les esquimaux veulent garder les loups* ».
ENSEIGNANT – « *Oui, les loups débarrassent les troupeaux des animaux malades ou plus faibles. Les troupeaux restent ainsi en bonne santé. Rappelez-vous aussi le texte qui vous parle des renards* ».
ÉLÈVE – « *Les loups mangeaient les renards et après il y a eu plein de renards et ce n'était pas bien non plus* ».
ENSEIGNANT – « *C'est ce qu'on appelle " l'équilibre naturel ". Toutes les espèces sont utiles à ce bon équilibre. Mais il faut parfois que les hommes aident à le maintenir* ».
ÉLÈVE – « *On a dit qu'on n'en tuait que quelques-uns. On ne fait plus ce qu'on veut au Canada. Ils sont protégés* ».
ENSEIGNANT – « *Oui, comme chez nous les buses, les chouettes, certaines plantes sont protégées dans le Parc des Volcans* ».

Le projet central de l'enseignant est bien de former des enfants lecteurs et producteurs de texte. Pour autant, ou plus exactement pour cette raison même, il s'attache tout particulièrement à favoriser les interactions verbales parce qu'il sait qu'elles sont une aide à la construction de la pensée. Il ne s'agit pas pour lui de « *faire parler* » les élèves dans un jeu de questions/réponses, mais de les aider à verbaliser et échanger leur savoir et ce faisant à le synthétiser, le recomposer et, sans paradoxe, le construire.

Répartition des activités sur la semaine

Lundi	Mardi	Jeudi	Vendredi	Samedi
• **Écriture collective de l'introduction du texte** (*40 min*). • **Exercice écrit autour du vocabulaire spécifique** (*cf.* fiche 27 - 1er exercice) (*20 min*). • **Exercices autour de la chronologie et de la durée des événements** (*cf.* fiche 27) (*15 min*).	• **Écriture avec un tiers de la classe du pararaphe :** *Vie en meute* (*40 min*). • **Pour les deux autres tiers :** – Activité autonome de lecture « compréhension d'un texte documentaire » : 2e exercice (*cf.* fiche 27) (*20 min*). – Choix d'une reprise parmi trois propositions (*cf.* fiche 27) (*10 min*). – Calligraphie des phrases exactes (*10 min*). • **Lecture dans le cadre de la ronde des livres ou lecture de l'œuvre complète en cours :** *La véritable histoire des trois petits cochons*[1] (*20 min*).	• **Écriture avec un autre tiers de la classe du paragraphe :** ***Nutrition*** (*40 min*). • **Pour les deux autres tiers :** – Lecture puzzle d'un texte explicatif (*15 min*). – Calligraphie du texte reconstitué (*15 min*). • **Lecture dans le cadre de la « ronde des livres » ou lecture de l'œuvre complète en cours** (*20 min*).	• **Activité autour d'une orthographe porteuse de sens (*cf.* fiche 27).** Élaboration d'un outil collectif : les lois de formation du présent de l'indicatif (*35 min*). • **Écriture collective des deux derniers paragraphes :** ***Disparition du loup et Le loup aujourd'hui*** (*50 min*).	• **Lecture silencieuse du texte dans son entier** (*10 min*).
		• **Écriture avec le dernier tiers du paragraphe :** ***Reproduction*** (*40 min*). • **Pour les deux autre tiers :** Activité autonome de lecture « compréhension du texte explicatif » : 1er et 3e exercices (*cf.* fiche 27) (*30 min*). • **Calligraphie** d'une phrase exacte par texte, repérée au cours de l'exercice (*10 min*).	**En raison des difficultés qu'ont eues les enfants à accorder le sujet et le verbe à la 3e personne du pluriel, retour sur la graphie « en ». Dans le texte produit, relevé en deux colonnes des mots dans lesquels on voit « en » et l'on entend [ɑ̃], dans lesquels on voit « en » et l'on n'entend pas [ɑ̃]. Rôle spécifique de « ent ».**	

1. Anonyme, La véritable histoire des trois petits cochons, Gallimard, 1992.

UN SCRIPT POUR UN SPECTACLE

29

NATURE DU PROJET

Au moment de préparer la fête de fin d'année, l'enseignant exprime son souhait à la classe de ne pas s'en tenir aux traditionnels spectacles déconnectés de la vie réelle de la classe. Il invite ses élèves à imaginer une participation qui rendrait compte aux parents présents du long trajet effectué en compagnie du loup et des savoirs acquis à son sujet. On décide, après de longues réflexions, et pour ne pas ennuyer le public, de monter un spectacle qui évoquera la légende de *La bête du Gévaudan.*

Pour mener à bien un tel projet, les élèves disposent à l'évidence d'un certain nombre de connaissances glanées au parc ou en BCD. Mais pour écrire le script du spectacle, il faut aller plus loin : s'imprégner du « *temps des loups* » pour retrouver des gestes et des attitudes et, pour ce faire, approfondir ses connaissances historiques.

Au cours du projet, les élèves vont donc être conduits à lire, outre une version écrite de la légende, des documents d'époque, avec leur calligraphie et leur orthographe d'origine, ainsi qu'une analyse d'historien. On voit que l'enseignant n'hésite pas à proposer à la lecture des types d'écrits que la pratique pédagogique traditionnelle du cours préparatoire exclut *a priori* et de façon nette, leur préférant des textes faussement simplifiés qui font courir aux enfants un risque non négligeable de *déculturation.*

Quand certaines conditions sont réunies (et la pédagogie du projet est une façon de les réunir), des textes prétendus difficiles peuvent devenir accessibles à des lecteurs débutants.

UN SCRIPT POUR UN SPECTACLE

30

LECTURE D'UN DOCUMENT HISTORIQUE

▲ Le document

Il s'agit d'une gravure légendée, datant de 1764 , reproduite dans *L'Homme et le loup*[1] et qui représente le monstre du Gévaudan.

« La bestio qui mange le monde » désole dès 1764, la région du Gévaudan. Cette gravure de l'époque imagine le monstre devant les restes de ses victimes.

La gravure est travaillée collectivement à partir d'un agrandissement et individuellement au format original. Par ailleurs pour tenter de recréer la peur que le loup avait engendrée dans la société de l'époque, l'enseignant a affiché dans la classe un ensemble de documents iconographiques, des réflexions d'historiens ou de témoins de l'*événement*.

1. Daniel Bernard, *L'Homme et le loup*, Berger-Levrault, 1982, p. 48.

▲ Durée

Deux séquences de quarante minutes.

▲ Découverte de la gravure seule

La classe travaille sur l'exemplaire agrandi dont le texte d'origine et la légende ont été occultés.

La « bête » est découverte : « *C'est une grosse bête très poilue. Elle est très grande. Elle a mangé des enfants. Oui, mais pas en entier. C'est comme le loup du Petit Chaperon rouge. Non, celui-là est plus méchant. Ce n'est pas un loup. Ses pieds sont immenses avec des griffes terribles. Ses poils sont frisés...* ».

Le maître demande qu'on dégage les caractéristiques physiques de la « bête » telles qu'elles apparaissent : « *Œil méchant – oreilles dressées – poils longs et hérissés – babines retroussées – grandes dents – langue très longue – pattes aux longs doigts – griffes énormes – longue queue très poilue* ».

On en conclut que si c'est un loup, « *c'est un loup extraordinaire, comme un monstre* ».

▲ Découverte de la légende

La légende est lue silencieusement : « *On nous explique. Il y a une date – C'est* " la bestio qui mange le monde ", " bestio " *c'est presque comme bête. C'est en Gévaudan comme le parc des loups* ».

L'enseignant donne l'origine de « *bestio* » : « *c'est un mot de patois du Gévaudan* » et précise que « *cela se passe il y a plus de 200 ans, en 1764. On nous explique que cette gravure imagine le monstre devant les restes des gens qu'il a attaqués.* " Monde ", *en ce temps, dans la région, ça voulait dire* " gens " ».

Les élèves comparent cette représentation à d'autres qu'ils ont aperçues lors de leur visite au parc : « *Alors ce monstre n'était peut être pas comme cela. Il était peut être plus gros ou moins gros. On ne nous dit pas que c'était un loup. Au musée du parc on a vu aussi d'autres* " bêtes du Gévaudan ". *Elles n'étaient pas exactement pareilles* ».

Une conclusion provisoire est écrite sur une affiche, qui servira ultérieurement lors de l'écriture du script :

Vers 1764, en Gévaudan, une bête dévorait des gens. On l'appelait « la bestio qui dévore le monde ».

▲ Découverte du texte d'origine

Sa calligraphie

La calligraphie inhabituelle du document surprend les élèves, qui viennent juste de découvrir les normes de leur langue et s'étonnent qu'on puisse les transgresser : « *C'est écrit plus vieux que nous. Il y a des majuscules, n'importe comment, partout* ».

Le maître fait remarquer que les majuscules ne sont pas disposées n'importe comment mais sur les mots importants : « Monstre – Bête – Taureau – Femmes – Enfans – Tête ».

Son orthographe

Les enfants exercent avec pertinence leur toute neuve compétence orthographique et relèvent l'absence du « t » à « enfans » : occasion pour le maître de souligner que l'orthographe a évolué au cours de l'histoire, et que, s'il convient de respecter les normes aujourd'hui en usage, ces normes n'ont pas toujours été les mêmes.

Son contenu

L'enseignant interroge les élèves sur le thème du texte : « *De qui parle ce texte ?* ». La classe unanime déclare que le texte parle du loup du Gévaudan et que, cependant, le mot *loup* n'est jamais écrit. On observe comment la bête est successivement désignée au long du texte : « du monstre – qui – cette bête – elle – elle – cet animal ».

Il se confirme, en quelque sorte, qu'il s'agit bien d'un monstre et que nulle part le mot *loup* n'est prononcé.

Le texte d'époque et la légende écrite par l'auteur de l'ouvrage sont confrontés : le premier pose le monstre comme existant, le second laisse entendre qu'il est le fruit de l'imagination (« *imagine le monstre* »). Les élèves déclarent ne pas pouvoir trancher pour le moment entre ces deux opinions.

Les informations prélevées sont ajoutées à l'affiche aide-mémoire :

> **La bête du Gévaudan**
>
> Vers 1764, en Gévaudan, une bête dévorait des gens.
> On l'appelait « la bestio qui dévore le monde ».
> Elle attaquait surtout les femmes et les enfants.
> On ne savait pas si c'était un loup fabuleux ou…
> Les documents nous parlent d'un « monstre…loup ».

Remarque : des exercices de transformation : présent → imparfait, une réflexion sur la loi de formation de l'imparfait, ont précédé la rédaction de ce texte.

UN SCRIPT POUR UN SPECTACLE

31

LECTURE D'UNE LÉGENDE : *LA BÊTE DU GÉVAUDAN*

▲ Nature et sources du texte étudié

Venant après le document iconographique, la légende, texte narratif donc, traduit, avec d'autres moyens, la peur collective et la force de l'imagination[1].

▲ Objectifs

Confronter le document iconographique à la légende et repérer des recoupements d'information.

S'imprégner de l'atmosphère de l'époque, saisir les sentiments qui animaient les habitants du Gévaudan pour tenter de les restituer dans le script et le spectacle ; tirer de la lecture d'éventuelles informations pour créer des costumes.

▲ Durée

Quatre séquences de trente à quarante-cinq minutes.

▲ Comment se présente la bête ? Confrontation du document iconographique et de la légende

Le texte du début de la légende, distribué en deux exemplaires aux enfants, fait l'objet d'une lecture silencieuse.

1. Il s'agit en l'occurrence de *La bête du Gévaudan*, écrite par Claude-Catherine Ragache et extraite de *Les loups* (du même auteur), « Mythes et Légendes », Hachette, 1988.

La Bête du Gévaudan

Quelle était donc cette mystérieuse bête qui avait élu domicile dans les montagnes du Gévaudan ?

Elle semblait insaisissable, frappant tantôt au Nord tantôt au Sud, au cours de la même journée. « Comment est la bête ? » demandait-on aux hommes qui l'avaient aperçue.

– « Elle est énorme et a le poil sombre… Regardez, des empreintes ». Sur la terre meuble, les larges pattes griffues avaient laissé plusieurs traces profondes.

Chacun frissonna de peur. La bête devait être d'une taille peu commune.

Tous les témoignages concordaient : il s'agissait à coup sûr, d'une créature cruelle, diaboliquement rusée, qui s'attaquait aux femmes et aux enfants. Alors on organisa de gigantesques battues au cours desquelles on tua plus de soixante-dix loups, dont un très gros au poil presque noir : mais était-ce bien le coupable ? Hélas non, car la Bête reparut peu après.

Un jour pourtant, en écrasant de tout son poids un jeune garçon qu'elle avait jeté à terre, la Bête se planta la lame d'un coutelas dans le flanc : elle prit aussitôt la fuite et on s'en crut débarrassé.

Faux espoir, car quelque temps après, dans la cour d'une ferme, elle sautait sur un garçonnet qui venait remplir sa cruche à la fontaine ; par bonheur, de courageuses lavandières saisirent leurs battoirs à linge et en frappèrent la bête, qui finit par lâcher sa proie.

« C'est un monstre épouvantable ! dirent-elles. Aussi gros qu'un taureau d'un an ! » Ceux qui avaient pu voir la bête de près en firent une étrange description : de sa gueule très large dépassaient de longues dents ; sa fourrure rougeâtre était rayée d'une bande noire sur l'échine, sa queue longue et touffue ressemblait à celle d'un cheval, tandis que son museau évoquait celui d'un sanglier. Impossible de soutenir son regard tant il flamboyait de cruauté !

Certains l'avaient vu marcher debout sur ses pattes arrière, comme un homme ! D'autres l'avaient entendu rire et en été restés muets d'épouvante…

– L'extrait est ensuite replacé dans son contexte : présentation de l'ouvrage dans lequel il s'insère, de la complainte qui l'accompagne :

Venez, les yeux en pleurs
Écouter je vous prie
Le récit des horreurs
D'une bête en furie…

– Lecture de la suite de la légende par l'enseignant : le document précédent et la légende sont alors étudiés comme deux sources de renseignements à confronter.

Le portrait physique de la bête

Les enfants repèrent spontanément des similitudes avec « *la bestio qui dévore le monde* ». Ces similitudes sont mises en lumière par une disposition des informations en tableau.

Portrait physique de la bête selon deux sources

Gravure et texte	*Légende*
une grosse bête très grande aussi grosse qu'un taureau d'un an	énorme une taille peu commune tout son poids aussi gros qu'un taureau d'un an
bête poilue poils longs et hérissés	poil sombre fourrure rougeâtre rayée d'une bande noire sur l'échine
longue queue queue poilue	queue longue et touffue comme celle d'un cheval
pattes aux longs doigts griffes énormes	les larges pattes griffues
œil méchant oreilles dressées	son regard flamboyait
babines retroussées grandes dents langue très longue	gueule très large longues dents

On en conclut que, dans les deux documents, la bête est présentée avec les mêmes caractéristiques fondamentales.

L'enseignant explique qu'il ne faut pas s'en étonner dans la mesure où l'auteur de la légende s'est appuyé sur des documents d'époque pour écrire son texte.

Le portrait physique de la bête est gardé en mémoire pour la réalisation future du costume.

Le portrait psychologique de la bête

La recherche est conduite sur la légende. Sont relevés au tableau les traits suivants : « *mystérieuse – insaisissable – créature cruelle – diaboliquement rusée – monstre épouvantable – cruauté* ».

Les traits psychologiques découverts sont ensuite mis en relation avec les traits physiques.

La cruauté, par exemple, se révèle à travers « *les poils hérissés – les griffes énormes – l'œil méchant – les babines retroussées – les grandes dents – la langue très longue – la gueule très large – le regard flamboyant* ».

Les actions et les attitudes de la bête sont mimées : « *attaquer – écraser de tout son poids – fuir – sauter sur un garçonnet – marcher sur ses pattes de derrière – rire – faire peur avec sa gueule – être mystérieuse – insaisissable – rusée – cruelle...* ».

▲ Attitudes et sentiments des habitants

Le travail porte ici sur la suite et la fin de la légende non reproduites ici.

Les réactions des gens face à la bête

Les élèves relèvent les expressions qui traduisent le sentiment de la peur et les réactions agressives qui en découlent, puis tentent de les traduire en les mimant.

Un épisode dramatique : le combat des enfants

Il s'agit d'un micro-récit inscrit dans le récit principal. Pour le résumer, afin de l'insérer dans le script sous une forme simplifiée, on recourt au tableau ci-après.

Qui ?	*Quand ?*	*Où ?*	*L'événement*	*Le dénouement*
la Bête sept enfants	en janvier	au sommet de la montagne des broussailles	l'attaque de la Bête qui emporte un enfant le combat	la victoire des enfants la fuite de la Bête

Il sert de trame pour rédiger, au moins provisoirement, une partie du texte du récitant :

Le combat des enfants

Nous sommes en janvier. Sept enfants vont conduire le troupeau sur la montagne. La bête les attaque. Elle est terrible. Elle emporte un garçon. Mais les autres se battent avec leurs armes. La bête s'enfuit. Tous les enfants sont sauvés.

La fin dramatique de la bête

L'enchaînement des événements est dégagé comme précédemment : « *des soldats arrivent – il ne se passe rien – deux louvetiers arrivent – une grosse louve est tuée – la “ bête ” se manifeste – un mystérieux garde chasse arrive –*

les louvetiers partent – des garde-chasse accompagnés de chiens arrivent à leur tour – des loups sont tués – la “ bête ” se manifeste encore – une battue de 300 chasseurs – un loup très grand est tué – fin de l'histoire de la “ bête ” ».

Une discussion est alors lancée sur la réalité de l'existence de la bête. Il importe de toujours saisir les occasions de mettre les élèves en situation de devoir argumenter. Certains enfants convaincus de l'existence de la « bête » au début du travail, expriment alors leurs doutes : « *Les crimes se sont arrêtés mais on n'a tué que des loups et pas des monstres... Alors on ne sait pas plus qu'après la lecture des documents. Si, on sait davantage. Il n'y avait peut être pas que des loups dans cette histoire...* »

Pour préparer le spectacle, une dernière fiche aide-mémoire est élaborée, qui constituera une base de données :

La fin de la Bête

Des soldats et des chasseurs ont tué de nombreux loups pendant trois ans.
D'abord une grosse louve, puis un très grand loup, enfin un autre grand loup furent tués et pris pour la Bête.
C'est Jean Chastel qui tua le dernier.
On n'entendit alors plus parler de la Bête du Gévaudan.

UN SCRIPT POUR UN SPECTACLE

32

LECTURE D'UN TEXTE EXPLICATIF HISTORIQUE

▲ Le texte, son intérêt

« *À l'époque de la bête du Gévaudan, il y a environ 200 ans, tout allait mal en France. Les guerres et des hivers très froids amenèrent une grande misère et des famines parmi les habitants les plus pauvres.*
De nombreux loups peuplaient les forêts. Ne trouvant rien à manger, ils s'attaquaient au bétail et même aux gens. C'était un malheur et des peurs en plus. De 1764 à 1767, 101 personnes furent tuées dans la région du Gévaudan par un animal mystérieux. La population était effrayée. On essaya les battues, les soldats : pas moyen de détruire celui que tous appelaient " la Bête ". Pourtant on tua des centaines de loups normaux et trois grands loups. Le dernier fut abattu par Jean Chastel, un homme de la région. La série de crimes s'arrêta à ce moment-là. Mais pour les habitants, " la Bête " resta un mystère qu'on n'a pas éclairci aujourd'hui. Un loup ? plusieurs loups ? des criminels ? des criminels plus des loups ? Certains chercheurs pensent qu'il s'agit de plusieurs loups.[1] »

Concernant le déroulement de l'histoire de la « bête », le texte ne fait que reprendre les informations déjà connues des enfants. Mais il apporte des informations supplémentaires sur les causes de son apparition (froid et famine) et avance des hypothèses sur sa vraie nature. C'est sur ces deux éléments que sera centrée la lecture.

▲ Durée

Une séquence de quarante minutes.

1. D'après Geneviève Carbone, *La peur du loup*, Découvertes, Gallimard, 1991.

▲ Déroulement des activités

Lecture du texte

Le questionnement du maître porte sur les informations nouvelles contenues dans le texte. Les élèves notent : « *le texte nous dit comment cela s'est passé. Il dit ce qu'on savait et en plus on sait pourquoi il y avait des loups…* »

Avec un surligneur, les élèves repèrent les malheurs qui sévissaient en France à l'époque considérée, les hypothèses avancées sur la nature de la bête. Chaque enfant est invité à noter l'hypothèse qui lui paraît la plus forte. Chaque opinion est ensuite défendue dans le cadre d'un débat collectif (chacun doit avancer des arguments à l'appui de sa thèse).

Écriture d'un résumé du texte

Cette écriture, comme les précédentes, a une fonction d'aide-mémoire pour la construction du script.

Il y a deux cents ans, les paysans du Gévaudan étaient très malheureux : misère, famine, attaques de loups. En trois ans, « la Bête » tua 101 personnes. On n'est pas d'accord même aujourd'hui sur l'auteur de ces crimes.

Remarques annexes

L'explication rapide des mots non compris comme *famine*, permet de reprendre le travail amorcé sur les familles de mots. C'est ainsi que « *famine* » est rapproché de « faim » et « affamé » ; « *abattu* » de la famille de « battre » :

Familles de mots enrichies

la faim affamé *une famine*	se battre une bataille une battue *abattu*

L'attention est attirée sur certaines difficultés relevant de l'orthographe lexicale : deux « t » à *battre*, un seul à bataille, deux « f » à *affamé*.

UN SCRIPT POUR UN SPECTACLE

33

ÉCRITURE DU SCRIPT DU SPECTACLE

▲ Implications du projet

L'écriture du script implique la mobilisation et la sélection des connaissances historiques acquises lors des séquences précédentes, la réutilisation et la recomposition des notes prises.

La préparation du spectacle lui-même implique que l'on apprenne à s'exprimer par écrit (le script), mais aussi par la création plastique (des costumes, des accessoires, des décors).

La présentation du spectacle implique enfin que l'on apprenne à s'exprimer par le corps et par la voix.

C'est l'écriture du script qui sera particulièrement développée ici.

▲ Durée

Cinq séquences de quarante minutes.

▲ Vers une représentation plus précise de la tâche

Les élèves ont décidé de monter un spectacle destiné aux parents, autour de la légende de la bête du Gévaudan. Ils ont des documents sur lesquels s'appuyer mais pour autant ne se représentent pas forcément la tâche à effectuer. Le maître les aide à formuler clairement leur projet et les contraintes qu'il impose :

> ENSEIGNANT – « *Qu'allons-nous faire exactement ?* »
> ÉLÈVE – « *Raconter l'histoire de la bête du Gévaudan aux parents.* »
> ÉLÈVE – « *Il faudra faire des mimes comme lorsqu'on l'a lue. Il faudra crier, avoir peur, être content. Il faudra chanter et danser pour dire qu'elle est morte.* »
> ENSEIGNANT – « *Oui, je vois que vous avez commencé à réfléchir. Seulement mimer ? Les parents connaissent-ils l'histoire de la Bête et vont-ils comprendre ?* »

ÉLÈVE – « *On va la leur faire lire.* »
ÉLÈVE – « *Ou on la leur donnera le jour de la fête.* »
ÉLÈVE – « *Oui, mais les autres parents ?* »
ENSEIGNANT – « *Cherchons ensemble ce qui serait le mieux pour tous les parents.* »
ÉLÈVE – « *Il ne faut pas qu'ils la connaissent avant. On va leur raconter.* »
ÉLÈVE – « *Oui, mais il faut pas la lire. On va se tromper et puis elle est trop difficile à lire en entier, cette histoire. Elle est trop longue…* »
ÉLÈVE – « *Il faut l'écrire. Non pas tout entière. Il faut écrire ce qui expliquera bien.* »
ENSEIGNANT – « *Comment va-t on s'y prendre ? De quoi va-t-on se servir ?* »
ÉLÈVE – « *De ce qu'on a lu. Des illustrations qu'on a …* »

L'enseignant demande aux élèves de récapituler tout ce qu'ils savent sur l'histoire de la bête. Les éléments collectés sont replacés dans l'ordre chronologique pour constituer une trame provisoire : « *Il y avait des malheurs en France. Les gens avaient froid. Ils avaient faim. Ils habitaient à la campagne. Dans le Gévaudan. Les enfants gardent les moutons. Il y a beaucoup de loups partout. Les gens ont peur. Quand les loups ont faim, ils mangent des moutons. En 1764, il y a une bête épouvantable. Elle mange des tas d'enfants. Et aussi des femmes. On n'arrive pas à la tuer. On tue trois gros loups. À la fin la bête est morte. Elle n'existe plus. On ne sait pas si c'était un loup.* »

L'enseignant interroge ensuite la classe sur l'utilisation possible de cette trame provisoire : « *Il faut écrire un texte. Il faut plusieurs parties comme pour le texte explicatif.* » Partant de cette suggestion, il aide les enfants à trouver une stratégie d'écriture : « *Nous allons d'abord dire ce que nous savons des gens, où cela se passe, à quel moment de l'année. Ce sera " le premier tableau ". Certains élèves mimeront l'histoire. D'autres liront le texte que vous aurez écrit pour que les spectateurs comprennent* ».

Après discussion, on se donne les règles suivantes :

1. Il faut expliquer ce qu'on mime pour que tout le monde comprenne ce qui se passe.
2. Il faut se servir de ce qu'on sait sur toute cette histoire et sur les gens (penser à relire nos fiches).
3. Il faut faire des paragraphes : un pour chaque tableau (scène) et mettre des titres.

▲ Écriture du premier tableau

Objectifs

Conduire les élèves à :

– situer l'action dans le temps et l'espace ;

– utiliser des documents iconographiques représentant bergers et troupeaux, travaux des champs… ;

– relire pour mieux écrire.

Travail sur le contexte spatio-temporel de l'action et la situation initiale

ÉLÈVE – « *Bon, il faut d'abord dire où et quand ça se passe.* »
ÉLÈVE – « *C'est il y a longtemps. On connaît l'année. C'est écrit dans les textes qu'on a lus : 1764, c'est en Gévaudan.* »
ENSEIGNANT – « *Le Gévaudan, c'est une région. Cette région se nomme, s'appelle le Gévaudan. Reprenez l'adresse du parc des loups.* »
ÉLÈVE – « *C'est en Lozère – La Lozère, c'est comme le Puy de Dôme.* »
ENSEIGNANT – « *C'est un département.* »

• De cette échange naît la première phrase :

L'action se passe en 1764, dans une région nommée le Gévaudan. Aujourd'hui, c'est le département de la Lozère.

Pour décrire les lieux, une recherche s'impose. On utilise des photographies de paysages lozériens.

Les élèves remarquent : « *Des montagnes – des forêts – des endroits plats sans arbres – des rochers – des broussailles* ».

Il faut aussi déterminer la saison : le renseignement sera trouvé dans la légende.

• La deuxième phrase est écrite :

C'est l'été dans cette région sauvage. Les villageois vivent sur un plateau où on ne voit que des rochers, des broussailles, quelques arbres et un peu d'herbe.

Reste à déterminer ce que font les acteurs dans ce décor.

Une fois encore des documents iconographiques, montrant des paysans aux champs, sont convoqués : « *ils coupent le blé – les femmes ramassent du blé par terre – les hommes ont des outils – ils travaillent – les enfants jouent avec les moutons et les chiens* ».

• La troisième et la quatrième phrase sont alors rédigées collectivement :

Les paysans travaillent dans les champs comme chaque jour. Les moutons sont gardés sur le plateau par les enfants bergers.

La portion de texte écrite jusque là est relue silencieusement pour vérifier qu'elle répond aux règles d'écriture fixées : « *On a bien dit quand c'était, où et ce que font les gens* ».

Le texte des récitants, le programme des acteurs

Tout en relisant le texte, les élèves prennent conscience qu'ils n'ont effectué qu'une partie du travail. Si l'on sait désormais ce que les récitants devront dire, on ne sait pas encore ce que, parallèlement, les acteurs devront faire :

> ÉLÈVE – « *Nous [les élèves acteurs], on fera ce qui est écrit.* »
> ENSEIGNANT – « *Ce n'est pas si simple. Il est écrit* " Les paysans travaillent dans les champs ". *Comment allez-vous exécuter ce qui est écrit ? Le texte ne le dit pas. Vous allez me le dire et moi, je noterai les actions en face du texte des récitants, je noterai aussi le décor qui correspond* . »

Le résultat se présente ainsi :

Premier tableau

Ce que les récitants disent	*Ce qu'on peut voir sur la scène*
L'action se passe en 1764, dans une région nommée le Gévaudan. Aujourd'hui c'est le département de la Lozère. C'est l'été dans ce pays sauvage. Les villageois vivent sur un plateau où on ne voit que des rochers, des broussailles, quelques arbres et un peu d'herbe. Les paysans travaillent dans les champs comme chaque jour. Les moutons sont gardés sur le plateau par les enfants bergers.	Des paysans avec des outils : ils coupent le blé, font des gerbes, les chargent sur une charrette. Des paysannes ramassent les épis sur le sol. Des enfants et des moutons.

▲ Écriture du deuxième tableau

Objectifs spécifiques

En essayant de mimer la scène précédente, le groupe des *acteurs* a donné l'impression d'une profonde allégresse. Or, le texte de l'historien insistait sur le nombre des fléaux qui accablaient les paysans de l'époque. L'enseignant cherche en ce point à réactiver les connaissances des élèves pour les faire formuler autrement.

Déroulement des activités

L'enseignant convie à une relecture du texte de l'historien et de sa version résumée établie par la classe, pour faire dégager à nouveau les informations essentielles concernant les causes de l'apparition de la bête.

Puis il fait comparer ces informations et la façon dont les paysans sont apparus sur la scène :

> ÉLÈVE – « *Les villageois ont l'air bien tranquille mais tout va mal. En travaillant, ils doivent penser aux loups. Ils ont peur...* »
> ÉLÈVE – « *Alors, il faut réécrire ou bien jouer autrement.* »
> ENSEIGNANT – « *Peut-être on a une autre solution. Garder la scène précédente mais dire, comme dans certains dessins animés que vous avez peut-être vus, quelque chose comme* “ ce n'est pas comme ça que ça se présente, on efface tout et on recommence ”... »
> ÉLÈVE – « *Oui, on dirait* “ Ce n'est pas comme on voit, les gens sont malheureux, il y a la famine et des loups, les loups mangent les moutons ”. »

La proposition de l'élève est notée et retravaillée après un détour sur l'utilisation des connecteurs logiques par le biais d'un exercice à choix multiples.

La version définitive du deuxième tableau se présente ainsi :

L'écrit produit est relu pour vérification.

Deuxième tableau

Ce que disent les récitants	*Ce qu'on peut voir sur la scène*
Mais ce tableau tranquille n'est pas la réalité. En effet, en plus de la guerre et de la famine, un autre danger menace les paysans : de nombreux loups affamés s'approchent des villages.	Les villageois qui travaillent. Arrivée des loups dans le troupeau. Peur des enfants. Bataille entre les hommes et les loups. Deux loups tués, un mouton emporté.

▲ Écriture du troisième et du quatrième tableau

Le troisième et le quatrième tableau ont pris la forme ultime qui suit :

Troisième tableau

Ce que disent les récitants	*Ce qu'on peut voir sur la scène*
Et cet été de 1764 marque le début d'une affaire qui allait durer trois longues années : l'affaire de « la Bête » qui « dévorait des gens et surtout des femmes et des enfants ».	Arrivée de la bête énorme et féroce. Attaque de la bête; grande peur des gens. Lutte des paysans avec leurs outils. La bête gagne d'abord, les villageois reculent puis gagnent la bataille. Mort de la bête.

Quatrième tableau

Ce que disent les récitants	*Ce qu'on peut voir sur la scène*
C'est fini, l'épouvantable bête est morte. Est-ce que c'était un grand loup ? Est-ce que c'était plusieurs loups ? Est-ce que c'était un monstre ? On ne connaît pas toute la vérité sur l'affaire. La voilà morte. Aussi, délivrés de trois années de grande peur et de souffrances, les paysans ne pensent qu'à fêter la fin de ce cauchemar en chantant et en dansant.	Les paysans joyeux qui dansent et chantent pour fêter la fin de la Bête.

Au cours de la rédaction les points suivants ont été travaillés :

– Les connecteurs (longue discussion avant de trouver « Et » pour inaugurer le troisième tableau, « Aussi » pour clore le quatrième tableau).

– Le système des temps (assurer une continuité avec l'option spontanée de départ : présent de narration/imparfait).

– Le recours à l'interrogation pour laisser planer un doute sur la nature de la bête tout en utilisant ses connaissances du sujet.

L'enseignant a apporté le vocabulaire suivant : « *villageois – plateau – tableau – menace – épouvantable – vérité – affaire – délivrer – souffrance – cauchemar.* »

▲ Activités conduites parallèlement et ultérieurement

– Confection du costume de la bête à partir de l'affiche *Portraits physique et psychologique du monstre*, et de masques de loups à partir de fiches de fabrication.

– Travail d'oralisation : répartition du script entre les élèves récitants, lecture et relecture jusqu'à bonne mémorisation, diction avec évaluation du groupe classe, travail de la posture puis présentation en situation de communication proche de la situation authentique visée (devant les enseignants de l'école et des élèves venus d'autres classes).

– Travail de mime pour les élèves acteurs : savoir occuper l'espace, retrouver gestes et postures.

– Choix des costumes pour les autres personnages que le loup.

DES LÉGENDES POUR DOCUMENTS ICONOGRAPHIQUES

34

DÉROULEMENT DU PROJET

▲ Nature du projet

À la fin de l'année scolaire, les élèves découvrent un autre moyen de diffuser leurs travaux. Après le journal et parallèlement au spectacle de fin d'année, ils décident d'exposer dans le hall de l'école un ensemble de documents iconographiques recueillis au cours de leur étude du loup, documents trouvés lors de leur recherche bibliographique en BCD (*cf.* 3e partie) ou photographies prises lors de la visite au parc.

L'exposition reprend les deux grands thèmes étudiés : les mythes et les réalités du loup.

Il apparaît que les documents bruts ne diront rien aux visiteurs (parents, autres élèves de l'école) – comme toute image, ils ne parlent pas en eux-mêmes – et qu'il convient de leur apporter un commentaire minimal sous la forme de *légendes*, mot que reprécise l'enseignant pour l'occasion (*cf.* 3e partie).

Un tel projet suppose, comme les précédents, la prise en compte du destinataire et conduit naturellement à s'interroger sur les moyens d'« *être visible pour être lisible* » : quel choix documentaire ? quel discours accompagnateur ? quel arrangement du panneau ? quel type de calligraphie ?… Il suppose aussi que le savoir disponible soit maléable. Présenté d'abord sous la forme d'un texte expositif-explicatif (dans ses aspects scientifiques), puis sous la forme d'un spectacle théâtral (dans ses aspects historiques), il doit être ici restitué globalement sous une forme différente, avec des contraintes différentes.

▲ Durée

Cinq à six séquences de quarante minutes environ.

▲ Matériel utilisé pour préparer l'exposition

Reproductions autorisées de documents iconographiques historiques, de schémas, photographies empruntées à des ouvrages documentaires scientifiques, photographies prises lors de la visite du parc, une carte de géographie.

Panneaux cartonnés, grandes étiquettes de bristol pour l'écriture des légendes.

▲ Classement des documents à utiliser

Découverte d'un principe de classement

Les documents sélectionnés par les élèves et l'enseignant sont présentés dans un format agrandi pour être visibles par toute la classe. L'ordre de leur présentation est la première question qui se pose. Certains documents sont spontanément rattachés à un thème connu. Les thèmes connus sont ceux du texte expositif-explicatif : *Vie en meute, Nutrition, Reproduction, Visite au parc.*

S'y ajoute le thème de *la peur du loup* découvert dans la rédaction du script. On décide donc de classer les documents en fonction de ces cinq thèmes. Le classement va de soi pour beaucoup de documents mais pose problème pour d'autres. C'est le cas pour une illustration montrant des loups en liberté et affichant sur une carte de géographie les zones où le loup peut encore mener une vie sauvage.

Un nouveau thème est introduit : *Le loup aujourd'hui*, qui conduit à la reformulation du thème *La peur des loups* en *Le loup autrefois*. Les six thèmes sont écrits au tableau.

Réalisation du classement

Sous chaque thème, les élèves viennent tour à tour disposer les documents. L'affectation de certains documents aux thèmes retenus se révèle parfois moins simple qu'il n'y paraissait. C'est ainsi qu'une image montrant des mimiques et des postures de loups ne peut être affichée sans une discussion préalable.

Il faut rappeler un savoir oublié sur le mode de communication des loups pour parvenir à interpréter le rôle des mimiques et des postures et rattacher le document au thème de *La vie en meute*.

Il apparaît également que certains thèmes peuvent être divisés en sous-thèmes. C'est le cas pour les deux suivants :

1. *Le loup autrefois*	2. *Le loup aujourd'hui*
– la peur du loup	– le loup au parc
– la disparition du loup	– le loup en liberté

▲ Écriture des légendes (première version)

Le projet (ce que l'on veut faire – pour qui – où en est le travail et ce qui reste à faire), est, comme toujours, rappelé par l'enseignant.

La classe convient qu'il reste à écrire les *légendes*. Le mot est ambigu : ses deux sens sont clairement distingués pour qu'il n'y ait aucune confusion sur la nature du type d'écrit demandé.

Le travail commence par l'étude de deux représentations de la bête du Gévaudan en action, extraites de *L'homme et le loup* et de *La peur du loup*.

Les enfants, qui disposent chacun d'un exemplaire des documents, écrivent individuellement deux légendes possibles, sans préparation préalable. L'intention de l'enseignant est de tirer parti des maladresses éventuelles pour mieux asseoir les apprentissages à venir.

Quelques premiers jets sont sélectionnés par le maître et transcrits au tableau.

Exemple de premier jet : « *C'est la bête du Gévaudan qui mange un petit garçon. La vilaine bête mange quelqu'un les autres ont peur. Ils grimpent dans l'arbre. Il y a une femme déjà par terre. La bête est très très grande. Elle est terrible. La terrible bête est un monstre* ».

De l'examen de ces premiers jets, on conclut que le texte écrit ne doit pas être redondant par rapport à l'image, mais pour autant on ne sait pas ce qu'il convient vraiment de faire. On décide de se reporter à des ouvrages documentaires pour observer comment leurs auteurs commentent les documents.

Observation d'écrits de référence

On observe qu'il y a : « *une phrase, un texte, ou un groupe de mots* », qui fonctionnent comme des « *explications* » et « *ne répètent pas* ».

Règles d'écriture

Le groupe s'entend sur les règles de conduite suivantes :

1. Il faut expliquer ce que dit l'illustration.
2. Il ne faut pas répéter ce qui se comprend bien.
3. On peut écrire un groupe de mots ou une phrase.

▲ Écriture des légendes (deuxième version)

Les premiers jets sont confrontés collectivement aux règles établies et chacun est réécrit par son auteur. Les deuxièmes versions sont à nouveau soumises à l'appréciation du groupe classe et éventuellement retouchées. Quand le texte est jugé satisfaisant, après réflexion sur le choix des caractères et de leur taille, l'enseignant le transcrit sous le document correspondant.

Le panneau se présente provisoirement ainsi :

Le loup autrefois

la peur du loup

illustration page 58
L'homme et le loup

illustration page 144
La peur du loup

Vers 1764, une bête féroce a massacré plus de 100 personnes. On ne sait pas si c'était un loup, plusieurs loups ou une autre bête.
C'était dans le Gévaudan.

Le même monstre dessiné autrement

▲ Mise en forme du panneau d'exposition

Le panneau est progressivement complété :

page 36 *La peur du loup*	*pages 12 et 14* *La peur du loup*	*pages 60 et 85* *L'Homme et le loup*
Le Petit Chaperon rouge. On racontait des histoires de loups et d'enfants	On rencontrait souvent des loups. Il y en avait un seul ou beaucoup.	Quand ils avaient faim, ils venaient dans les villages manger.
La disparition du loup		
page 122 *L'Homme et le loup*	*page 122* *L'Homme et le loup*	*page 66* *L'Homme et le loup*
Les hommes ont tué tous les loups chez nous.	Pièges à loup	Le chasseur a tué un loup

Il est ensuite présenté aux élèves de CM2 pour qu'ils en vérifient la lisibilité et le contenu. Cet appel à un regard extérieur est essentiel dans le processus d'évaluation, essentiel dans la réalisation de l'objet destiné à être vu par un grand nombre de personnes. Il s'agit bien de tester l'efficacité du produit avant son lancement.

Les CM2 mettent l'accent sur l'imprécision de certains renseignements et le manque de lisibilité : « *Vos idées sont bonnes. Il faudrait expliquer davantage certains documents. Cela manque de précision :* “ manger ”, *que mangeaient les loups ? Les loups ont-ils été tous tués d'un coup ? Comment l'ont-ils été ? Il y en avait beaucoup ou plusieurs ? Ce n'est pas clair. Il faut écrire encore plus gras et mettre de la couleur...* »

De retour dans leur classe, les élèves tentent de prendre en compte les remarques formulées par leurs camarades.

Avec l'aide de l'enseignant, ils reprennent leurs légendes et se rendent compte qu'ils n'ont « *pas bien respecté leur règle n° 3* » et qu'ils n'ont finalement écrit « *que des textes* ».

Après deux ou trois réécritures, les légendes relatives au premier thème trouvent leur forme définitive :

Vers 1764, dans le Gévaudan, une bête féroce a massacré plus de cent personnes.
On ne sait pas si c'était un loup ou plusieurs.
Ou encore...

Une autre gravure du même monstre.

On racontait de nombreuses histoires de loups et d'enfants comme celle du Petit Chaperon rouge.

En hiver, dans les campagnes, On pouvait rencontrer des loups solitaires ou en bandes.

Lorsqu'ils avaient très faim, ils venaient dans les villages et attaquaient le bétail.

Dans notre pays, les hommes ont peu à peu tué tous les loups. On organisait des battues, On posait des pièges, du poison...

Pièges à loup.

Les autres thèmes sont traités de la même manière et le panneau complet peut être à nouveau présenté aux élèves de CM2 pour une ultime vérification.

TROISIÈME PARTIE

LA BCD, LIEU D'ACCULTURATION ET D'APPRENTISSAGE

GÉNÉRALITÉS

35

RÔLES ET MODE DE FONCTIONNEMENT

▲ Interaction classe/BCD

Il ne suffit pas de mettre en place une BCD dans l'école pour que miraculeusement l'apprentissage de la lecture et de l'écriture en soit rendu plus facile. La BCD, cependant, constitue un lieu d'acculturation et d'apprentissages privilégié. Pour qu'elle trouve sa pleine efficacité, il convient que les élèves y rencontrent les livres en situation de véritable recherche personnelle ou collective et que la classe et la BCD fonctionnent comme deux mondes en complémentarité.

Comme le soulignent les *Programmes de l'école primaire*[1], il faut « *établir une liaison entre les lectures effectuées hors de l'école et les activités de lecture en classe ; le recours aux livres empruntés ou consultés à la bibliothèque municipale, à la BCD ou à la bibliothèque de classe doit être étroitement relié au déroulement des séquences pédagogiques* ».

Les activités disciplinaires menées en classe imposent la recherche documentaire et, dans un mouvement dialectique, donnent des clés pour accéder à de nouveaux textes plus difficiles présentés en BCD. Dans un mouvement inverse, les livres rencontrés fortuitement ou non, en BCD, enrichissent la culture de l'élève et peuvent être la source d'un projet d'apprentissage.

▲ Objectifs d'apprentissage et types d'activités conduites

Apprendre le fonctionnement du lieu pour acquérir un comportement de lecteur averti et responsable

Ce comportement de lecteur averti et responsable est réclamé chaque fois qu'il s'agit :

1. CNDP, Ministère de l'Éducation nationale, 1995.

– D'emprunter tous les exemplaires d'un titre proposé par l'enseignant comme support d'apprentissages.

– D'emprunter un ensemble d'histoires (ou de documentaires) présentant un trait commun (même genre, même structure ou même type de personnage…) afin d'alimenter le coin lecture de la classe en vue de lectures libres ou d'activités de recherche.

– D'emprunter pour soi le livre qu'on emportera à la maison (ce type d'emprunt réclame que les parents se comportent comme des partenaires de l'enseignant et que l'enseignant incite à la lecture sans contraindre).

S'approprier des objets de lecture

Afin de mener à bien des activités telles que, comparer les différentes éditions des contes de Perrault, comparer différentes versions du *Petit Chaperon rouge*, écrire une bibliographie ciblée sur les histoires à « *personnages étranges* » (*cf.* fiches 42 et 43), l'élève doit connaître le circuit du livre ainsi que ses différents supports : recueils, romans, revues…

Pour pouvoir entrer efficacement dans les livres, l'élève doit se doter de stratégies efficaces et diversifiées selon la nature du support et l'objet de la recherche. La BCD est le lieu privilégié où peut se construire une démarche documentaire : cette construction nécessite une approche de la fonctionnalité des titres, des couvertures, des pages de garde, des index et des sommaires (*cf.* fiches 36 à 40).

Saisir le sens des messages contenus dans les livres

Comprendre une histoire au-delà de son message littéral (*cf. Le hibou et le canard*), saisir la problématique d'un texte explicatif, repérer les différentes formes prises par l'information – textes, illustrations, légendes… – (*cf.* 2e partie), dégager les caractéristiques physiques et psychologiques d'un même personnage diversement incarné (*cf.* fiche 41) sont des activités initiées en BCD.

C'est en classe que les apprentissages s'ancreront par le biais d'activités plus nettement structurées.

Alimenter les productions écrites de la classe

La BCD a nourri directement ou indirectement la plupart des projets d'écriture ici décrits. En retour, ces projets ont nourri la BCD : la suite de *Plouf !* (*cf.* fiche 14), l'histoire cumulative (*cf.* fiche 5) ont ainsi été placées en BCD.

Les fiches de lecture rédigées après les « rondes des livres » régulièrement organisées en cours d'année (*cf.* fiche 44) sont mises à la disposition des autres classes du cycle 2.

Se donner un espace de communication

La BCD est un lieu de communication idéal puisque tous les élèves de l'école et de nombreux adultes y circulent, y lisent, y travaillent.

C'est là que les élèves auront le plaisir de retrouver leur texte explicatif sur les loups imprimé dans le journal des CM2, c'est là qu'ils présentent leur exposition consacrée aux mythes et réalités du loup…

D'autres formes de communication sont favorisées :

– lecture par les élèves de courtes histoires dont ils ont préparé l'oralisation pour le simple plaisir des autres ou pour inciter les autres à partager les mêmes lectures (*cf.* fiche 44) ;

– lecture ou narration de l'enseignant, « *infatigable conteur* » [1].

Toutes les séquences en BCD commencent et s'achèvent par un rituel : l'enseignant lit à haute voix ou raconte dans sa propre langue une histoire en liaison avec les préoccupations du moment. En alternant ainsi deux modes de communication, l'enseignant rend possible, autour des contes, la comparaison de la tradition orale inventive et de la transcription lettrée. En lisant et relisant les mêmes histoires, l'enseignant permet la découverte de la langue écrite et la mémorisation de certaines de ses tournures.

Des conteuses professionnelles, des grands-mères, des élèves de CM peuvent à l'occasion remplacer l'enseignant.

Enfin, la BCD est un espace où les enfants peuvent rencontrer des professionnels du livre, des scientifiques, des poètes ou écrivains.

▲ Un problème de fond : le fonds des livres

Si la BCD peut alimenter les projets de la classe sans se vider de ses livres et sans léser les autres classes, c'est que la mise en place du fonds a été le fruit d'une réflexion collective sur le choix des livres supports d'apprentissage pour chaque classe et le nombre d'exemplaires à posséder.

D'une façon générale il faut veiller à :

– équilibrer le fonds d'albums et de romans entre les différents genres littéraires : récits fantastiques, merveilleux, humoristiques, policiers, d'aventures, de science-fiction, de vie… ;

– équilibrer le fonds documentaire entre les différentes matières et les différents niveaux.

Il faut se doter :

– d'ouvrages-outils en plusieurs exemplaires pour conduire des activités en

1. CNDP, *La maîtrise de la langue*, 1992.

BCD ou en classe (projets d'écriture ou activités décrochées), sans vider le lieu de lecture ;

– d'ouvrages de toute nature centrés sur des thèmes transversaux comme le loup ou le merveilleux ;

– d'ouvrages de fiction : des mêmes titres chez différents éditeurs, dans différentes collections, dans différentes versions. On trouve par exemple actuellement plus de dix éditions du *Petit Chaperon rouge*, sans compter les recueils où l'histoire apparaît mêlée à d'autres contes.

Les documentaires doivent contenir des informations exactes, accessibles et lisibles. Ils doivent également susciter la réflexion, l'étonnement, voire l'émotion et le rêve.

Les livres d'art et les recueils de poésie ne seront pas oubliés. Leur consultation sera encouragée par l'enseignant et toute occasion sera saisie de leur donner un intérêt qu'ils n'ont pas spontanément (visite au musée, lecture de chapiteaux romans, venue d'un poète à l'école…).

Les nouveautés, introduites régulièrement, sont placées sur un présentoir alléchant. Les livres luxueux ou originaux par leur format, leur calligraphie, leurs illustrations, et qui ne sortiront pas de la BCD, sont également mis en valeur et présentés comme un *trésor fragile* par l'enseignant, qui invite à une lecture dans le *recueillement*.

La BCD n'est pas un remède miracle. Mais elle offre aux élèves la possibilité de se doter d'un début de culture scientifique et littéraire. C'est en BCD que les rencontres avec le livre sont les plus fécondes et les mieux partagées.

DES VOIES D'ACCÈS AUX DOCUMENTAIRES

36

DES QUESTIONS AUTOUR DES DOCUMENTAIRES

La BCD est le lieu où l'on peut apprendre à se repérer dans le foisonnement des ouvrages de toute nature ; où l'on peut apprendre, en s'appuyant sur des indicateurs variés, à trier, d'abord grossièrement, les livres selon « *qu'ils racontent des histoires* » ou « *donnent des renseignements* », puis dans chaque catégorie à distinguer des sous-catégories, à identifier des collections, des auteurs…

Nous supposons le tri grossier *histoires/documentaires* effectué, pour ne nous attacher qu'aux modalités possibles d'entrée dans le monde des documentaires.

Au milieu du deuxième trimestre, les élèves sont en quête de renseignements sur cinq animaux qui doivent se rencontrer dans l'histoire qu'ils préparent : la grenouille, la taupe, l'ours, la chouette et le loup.

L'enseignant va les aider à trouver une démarche d'accès aux documentaires qui leur permette de répondre aux questions suivantes :

– Comment savoir si les documentaires dont on dispose sont susceptibles de contenir les renseignements que l'on cherche ?

– Comment localiser précisément le renseignement que l'on cherche ?

– Comment interpréter les informations données ?

DES VOIES D'ACCÈS AUX DOCUMENTAIRES

37

LE TITRE

Pour savoir si l'ouvrage peut contenir l'information recherchée, le titre constitue un indicateur plus ou moins fiable.

▲ Supports utilisés

Des ouvrages documentaires au titre ciblé

Les grands méchants loups, Musée en herbe, Bayard, 1990.
La Grenouille, Regarde-les grandir, Hachette, 1991.
La taupe, Syros, 1993.
Qui suis-je ? Un loup, Les chemins de la découverte, Gallimard, 1991.
La chouette, Regarde-les grandir, Hachette, 1991.
Loup qui es-tu ?, Découverte benjamin, Gallimard, 1986.
Qui suis-je ? une grenouille, Les chemins de la découverte, Gallimard, 1990.
Chouette des hiboux, Musée en herbe, Bayard, 1990.
L'ours polaire, Animaux en péril, Gamma 1992.

Des ouvrages au titre plus général

Qui suis-je ? un oiseau, Les chemins de la découverte, Gallimard, 1990.
Le nid, l'œuf et l'oiseau, Les yeux de la découverte, Gallimard, 1988.
L'étang et la rivière, Les yeux de la découverte, Gallimard, 1988.
Les oiseaux dans la nature, Les jeunes découvreurs, Larousse, 1993.
Attention ils vont disparaître, Musée en herbe, Bayard, 1991.
Les animaux qui vivent sous terre, Bêtes en tête, Hachette, 1993.
Les voyageurs, Animaux en action, Gründ, 1993.
Sous la terre, Mes premières découvertes, Gallimard, 1990.
Le livre de la forêt, Découvertes Cadet, Gallimard, 1995.
Les étangs, Gros plan, Seuil, 1993.

Des ouvrages de type encyclopédique

Le grand Atlas des animaux, Gründ, 1992.

Copain des Bois, Milan, 1987.

Méga Nature, Nathan, 1992.

▲ Recherche sans consigne

Les ouvrages sont disposés à plat sur les tables. Chaque élève commence seul son travail de recherche comme il l'entend. L'enseignant observe les comportements de chacun pour ensuite les faire expliciter.

▲ Explicitation des stratégies spontanées

L'enseignant demande à chacun de dire s'il a ou non trouvé des renseignements sur les animaux sélectionnés, les raisons qui ont conduit à la réussite ou à l'échec. Certaines conduites inappropriées (le prélèvement unique au hasard et le feuilletage) sont ainsi dénoncées :

> ENSEIGNANT – « *Il ne faut pas s'arrêter au premier livre qu'on prend. Si on a trouvé un renseignement dans ce livre, il peut y en avoir d'autres encore plus intéressants dans d'autres livres et si on n'a rien trouvé, il ne faut pas se décourager et continuer à chercher ailleurs.* »
> ÉLÈVE – « *C'est trop long de chercher en feuilletant surtout si le livre est très gros. En plus c'est écrit petit et en feuilletant, on ne voit rien.* »

À l'opposé, la référence au titre pour opérer une première sélection est reconnue comme une procédure valide : « *Moi, j'ai su que ce livre va nous parler du loup, parce que c'est son titre et il y a une image* » , mais limitée : « *Moi, j'ai pris* “ copain des bois ”, *mais je savais pas si j'allais trouver quelque chose sur nos animaux* » ; « *C'est pareil avec les livres où il y a le mot* “ oiseau ” *dans le titre, on ne sait pas si ça va parler de la chouette* ».

▲ Un premier indicateur pour amorcer les recherches : le titre

L'enseignant, qui favorise chez ses élèves la démarche hypothético-déductive dont il espère le transfert dans d'autres situations-problèmes, entreprend alors avec toute la classe de tester sytématiquement le recours au titre : « *Prenons tout d'abord les titres dont nous sommes sûrs. Je vais écrire les noms des animaux qui nous intéressent et sous ces noms je mettrai les titres qui vont avec dès que vous les aurez trouvés.* »

Les élèves doivent sélectionner d'après leur titre les livres susceptibles de fournir des informations sur l'un des animaux retenus, puis vérifier rapidement par feuilletage qu'il y a correspondance entre le titre et le contenu.

En l'occurrence, il ne s'agit pas encore de trouver précisément le renseignement que l'on cherche mais de savoir si l'on a des chances de le trouver.

Les titres onomastiques comme *La taupe*, *Le loup*, *La chouette* ne posent aucun problème : ils sont reconnus comme des titres « sûrs ». Les difficultés vont grandissant dès que l'on passe aux titres qui ciblent une catégorie d'animaux (*Les animaux qui vivent sous terre*) ou ne font aucune distinction (*Le grand atlas des animaux*).

Les titres du premier type ne sont pas fiables : si l'on peut faire l'hypothèse qu'il sera question de la taupe dans *Les animaux qui vivent sous la terre* et de la chouette dans *Le nid, l'œuf et l'oiseau*, l'hypothèse ne sera cependant vérifiée que dans le premier cas. L'enseignant souligne la difficulté de la recherche documentaire et la prise de risques qu'elle comporte. Il engage les élèves à ne jamais rester sur un échec.

La vérification par feuilletage devient très problématique dans les titres du deuxième type. D'une façon générale, faute d'avoir pu opérer la vérification, certains titres ne peuvent être écrits sous les noms des animaux. La classe aboutit au tableau suivant :

La taupe	**La loup**	**La chouette**
La taupe Sous la terre Les animaux qui vivent sous terre	Qui suis-je ? Un loup Loup qui es-tu ? Le grand Atlas des animaux Attention, ils vont disparaître	La chouette Chouette des hiboux Qui suis-je ? Un oiseau Le grand atlas des animaux
L'ours		**La grenouille**
L'ours polaire Attention, ils vont disparaître Le grand Atlas des animaux		Qui suis-je ? Une grenouille La grenouille Les étangs Le grand atlas des animaux

Le recours au titre trouve donc ses limites. On convient qu'il faut se donner d'autres procédures, à la fois pour déterminer si l'ouvrage peut fournir le renseignement recherché et pour trouver le renseignement.

Pour clore la séquence, l'enseignant propose une catégorisation des ouvrages manipulés : les *Documentaires simples*, les *Encyclopédies*, les *Atlas*.

Il explique le principe qui gouverne chaque catégorie. Trois étiquettes portant chacune le nom d'une catégorie sont distribuées à chaque enfant. L'enseignant montre successivement les ouvrages disposés sur la table. Les élèves doivent poser sur chacun d'eux l'étiquette qui leur paraît convenir, après justification. Le jeu des étiquettes sera repris pour toute nouvelle recherche documentaire.

DES VOIES D'ACCÈS AUX DOCUMENTAIRES

38

LE TEXTE DE COUVERTURE

Le texte de couverture constitue un autre indicateur pour savoir si l'ouvrage peut contenir l'information recherchée.

De la séquence précédente est né un projet, d'une autre nature que les projets antérieurement évoqués (projets de classe, d'écriture) : un projet d'apprentissage. Nous appelons *projet d'apprentissage* tout simplement un projet d'apprendre, chez des élèves qui ont constaté l'insuffisance de leurs connaissances et/ou l'inefficacité de leur démarche.

L'enseignant va les aider à trouver les clés d'entrée dans le documentaire qui leur manquent : le texte de couverture, le sommaire et l'index (*cf.* fiche 39).

▲ Support utilisé

Par simple souci d'assurer une continuité avec le propos tenu dans la deuxième partie, et pour montrer comment, avant de s'engager dans leur projet de classe (« *En savoir plus sur les loups* ») et dans les projets d'écriture qui l'ont accompagné, les élèves avaient déjà acquis en BCD des savoirs sur le loup, nous choisissons de nous centrer sur l'étude d'un documentaire particulier : *Un loup*, Collection « Qui suis-je ? »[1].

Cinq exemplaires de l'ouvrage sont disponibles dans la classe.

▲ Observation de la première de couverture

Chaque enfant a devant les yeux une reproduction autorisée de la première de couverture.

1. Chemins de la découverte, Gallimard, 1991.

Titre, éditeur, collection

Les élèves reconnaissent le titre et le nom de l'éditeur. Ils découvrent une autre information dont ils ne savent pas encore la signification : le nom de la collection. L'enseignant souligne l'importance de l'information dans la recherche documentaire : tous les titres d'une collection étant fondés sur le même principe, quand on connaît un exemplaire de la collection, on peut faire des hypothèses sur le contenu et le mode de présentation des autres ouvrages de la collection. Chaque élève de la classe est invité à trouver dans la BCD d'autres ouvrages appartenant à la même collection : on observe qu'ils ont le même format, la même mise en page…

Texte de haut de couverture

ENSEIGNANT – « *Lisez-vous autre chose que le titre, le nom de l'éditeur et de la collection sur cette couverture ?* »
ÉLÈVE – « *On voit un point d'interrogation, il y a une question.* »
ENSEIGNANT – « *Observez bien ces trois lignes.* »
ÉLÈVE – « *On dirait comme des phrases mais il y a des majuscules et pas de point.* »
ENSEIGNANT – « *Qu'est-ce qui remplace les points ?* »
ÉLÈVE – « *De petits animaux : loups, chiens, renards.* »
ENSEIGNANT – « *Combien de phrases ? Attention il y a un piège.* »
ÉLÈVE – « *Sept.* »
ENSEIGNANT – « *Oui, c'est bien. Qui peut lire la dernière ? [Qui suis-je?] À quoi cela vous fait-il penser?* »
ÉLÈVE – « *À une devinette (les enfants sont habitués à ce type de jeu dans le cadre du travail sur les phonèmes).* »
ENSEIGNANT – « *Et quelle est la réponse à cette devinette ?* »
ÉLÈVE – « *Un loup, c'est le titre.* »
ENSEIGNANT – « *Est-ce qu'il s'agit seulement du loup dans ce documentaire ?* »
ÉLÈVE – « *On a aussi lu " chien " et " renard ". Il y a aussi d'autres animaux qu'on ne connaît pas.* »
ENSEIGNANT – « *Oui, il y a d'autres animaux appartenant à la même **famille** que le loup. Ce sont des **canidés**. Ils se nourrissent surtout de viande qu'ils déchirent grâce à **leurs crocs**.*
Le loup est le plus grand des canidés. Le chacal, le coyote, plusieurs espèces de renards dont le fennec sont de la même famille. Les chiens aussi. »

L'enseignant montre des photos de canidés. C'est donc au cours de cette activité que le mot *canidé*, qui sera largement utilisé dans la rédaction du texte expositif-explicatif, est rencontré.

Au cours de ce travail de lecture fine, la classe prend conscience que même un titre « sûr » peut cacher de l'insoupçonné. L'ouvrage se présente comme un livre sur le loup et secondairement le renard et le chien, mais à bien y regarder, on s'aperçoit qu'il parle aussi de toute leur famille et donc d'autres animaux.

Jeu sur l'opacité de « Je »

L'enseignant propose de jouer à « *Qui se cache derrière Je ou J ?* ». Une liste d'actions énoncées à la première personne est à mettre en relation avec un animal à choisir dans une liste fournie.

Les élèves discutent leur réponse en s'appuyant sur leur connaissance du monde animal.

« Je » est improprement nommé *pronom* alors qu'il ne fonctionne jamais comme un substitut. « Je » est celui qui dit « *Je* » dans un énoncé déterminé. C'est l'acte de dire « *Je* » qui crée le référent de « Je ». On ne peut connaître le référent de « Je » indépendamment des emplois qui en sont faits. C'est dire qu'en dehors de la situation d'énonciation où il a été proféré, « Je » peut être opaque. Il faut apprendre à lui trouver un référent (on a vu que le problème se pose particulièrement dans les récits narrés à la première personne).

Écriture d'une première de couverture

La première de couverture d'un autre titre de la collection est présentée sans le texte de haut de page et sans indication de la collection et de l'éditeur. Les élèves sont invités à rédiger le texte de haut de page et à compléter les informations manquantes de bas de page.

Il ne s'agit pas d'opérer un simple transfert de savoirs concernant la composition de la première de couverture de la collection, il faut aussi bien entendu mobiliser des savoirs encyclopédiques sur l'oiseau.

▲ Observation de la quatrième de couverture

On y retrouve le nom de l'éditeur et de la collection. On y découvre un texte incitatif général sur l'intérêt de la collection, qui ne dit rien du contenu précis de chaque ouvrage. Plus intéressante, en revanche, est la liste des autres titres disponibles dans la collection. On se dit que si l'on ne dispose que d'un seul ouvrage sans rapport avec le centre d'intérêt du moment, on peut néanmoins, grâce à la quatrième de couverture, savoir si la collection contient un titre susceptible de répondre aux besoins.

DES VOIES D'ACCÈS AUX DOCUMENTAIRES

39

LE SOMMAIRE ET L'INDEX

Le sommaire et l'index d'un ouvrage documentaire sont deux clés pour savoir si l'ouvrage peut contenir l'information recherchée et la trouver.

▲ Le sommaire

Principe et fonctionnalité du sommaire

Le sommaire est d'abord observé dans son contexte (sa place dans l'ouvrage considéré, dans l'ensemble des ouvrages de la collection) puis plus minutieusement à partir d'une reproduction autorisée distribuée à chaque enfant.

Les élèves y remarquent :
– *des groupes de mots,*
– *des nombres pairs (sauf 29) dont le premier est 8.*

Pour se faire une idée plus générale du fonctionnement du sommaire, d'autres livres sont consultés. On constate que les *nombres* du sommaire correspondent aux *nombres* du bas des pages.

On confronte ensuite les groupes de mots repérés dans le sommaire avec les informations contenues dans les pages correspondantes à l'intérieur de l'ouvrage.

Plusieurs va-et-vient entre le corps de l'ouvrage et le sommaire sont effectués : on s'aperçoit que le titre placé en haut de la page dans le corps de l'ouvrage est reproduit dans le sommaire face au numéro de la page.

L'enseignant pose alors la question de la fonctionnalité du sommaire (« *il sert à trouver les grandes parties du livre* ») et introduit la notion de *chapitre*.

On conclut que le sommaire permet, à partir du titre de chaque chapitre, de trouver le renseignement recherché sans avoir besoin de tout lire, sans tâtonnement hasardeux.

Utilisation d'un sommaire

L'acquisition des connaissances nouvelles est immédiatement testée par le biais de l'exercice suivant :

Lecture d'un sommaire
• Où commence le chapitre : « Au soleil »? page ...
• Où commence le chapitre : « Bébés en famille »? page...
• Écris le titre du chapitre qui commence page 10.
....
• Écris le titre du chapitre qui commence page 29.
....

▲ L'index

Principe et fonctionnalité de l'index

Une copie de l'index est soumise à l'observation silencieuse de chacun. Le maître demande d'identifier sa provenance : « *on voit le mot loup, le nombre 29... C'est le documentaire sur les loups qu'on a déjà regardé. C'est le dernier chapitre...* ».
Le maître fait vérifier la validité de la dernière affirmation. Il invite les élèves à se reporter à l'ouvrage lui-même et au sommaire : « *Quel est le titre du chapitre qui commence à la page 29 ? Comment se présente le chapitre qui commence à la page 29 ? A-t-il la même allure que le texte qu'on est en train de lire ?* »
On observe que « *ce n'est pas comme le sommaire, il n'y a pas les titres, il y a plusieurs nombres en face des mots ou groupes de mots...* »
Le maître invite à centrer son attention sur le mot « loup » qui a été repéré : « *On voit 9 numéros de pages. On y parle du loup* ».

Grâce à des allées et venues entre l'index et le corps de l'ouvrage, on s'aperçoit que chaque page numérotée dans l'index contient des informations sur le loup, « *pas forcément dans le titre mais partout dans la page et même parfois plusieurs fois.* »
L'enseignant donne le mot *index* et, pour en préciser le sens, recourt à l'étymologie : « *Il s'appelle comme l'un de nos doigts, celui qui montre le chemin* [allusion à une comptine connue des enfants], *il indique le numéro des pages où l'on peut trouver un renseignement précis très rapidement à partir d'un mot : loup – dents – petits...* »

Se repérer dans un index : l'ordre alphabétique

L'index est un outil inutilisable tant qu'on ne possède pas l'ordre alphabétique sur lequel il est fondé. Un détour par l'apprentissage de l'ordre alphabétique (dont on montre qu'il gouverne également le traitement des mots dans un dictionnaire) est donc rendu nécessaire.

▲ Comparaison sommaire/index

Le travail se conclut par une comparaison explicite du sommaire et de l'index :
– **le sommaire** sert à trouver un chapitre susceptible de donner des renseignements sur un sujet,
– **l'index** sert à trouver des renseignements sur un mot précis,
et par une mise à l'épreuve immédiate.

Index

Sommaire

Sommaire

Relie comme il convient :

Notre meilleur ami : 28	**Sommaire**	Coyote : 8, 18
Ils ont de la voix : 18	**Index**	Au loup ! : 10
Au pôle Nord : 14 → Sommaire		Index ← Queue : 8, 9, 12
Oreilles : 15, 16, 17, 20, 23, 27		Dents : 9, 10, 22

DES VOIES D'ACCÈS AUX DOCUMENTAIRES

40

TROUVER UN RENSEIGNEMENT DANS UN CHAPITRE

▲ Objectif

On suppose que le chapitre susceptible de contenir les renseignements recherchés a été localisé.

Il s'agit alors de conduire l'élève à saisir :

– la problématique et l'organisation du chapitre,

– le rôle des illustrations et des légendes,

pour atteindre les renseignements recherchés.

▲ Principe d'organisation d'un chapitre

Les élèves feuillettent les ouvrages mis à leur disposition depuis le début du travail sur le documentaire. Ils doivent déterminer le nombre des chapitres et comparer leur mode d'organisation.

L'observation est ensuite centrée sur un ouvrage particulier, le même que précédemment : *Qui suis-je ? Un loup*, et singulièrement sur la page ci-contre.

Les élèves remarquent qu'on y trouve : des photos et des dessins, un titre et, sous le titre, un texte écrit en caractères plus gros que dans le reste des deux pages, des groupes de mots écrits en gras, sous chaque groupe de mots des textes, autour de la photo du loup des textes en écriture *penchée*.

Le rôle de chacun de ces éléments est discuté : par exemple, les élèves assignent au texte placé immédiatement sous le titre le rôle de résumé du chapitre, aux groupes de mots écrits en gras le rôle d'annonceurs de contenu du paragraphe.

Au loup !

Les loups sont les plus grands des canidés. Il en existe deux sortes : le loup gris et le loup roux, en voie de disparition.

Comme vous avez de grandes dents !
Avec leurs crocs, ils attrapent de gros animaux comme les daims ou les élans, mais aussi des lapins, des serpents, des insectes et des fruits.

Une force de loup
Le loup gris peut avoir une fourrure noire, blanche ou grise selon la région où il habite. Ce mâle mesure 1 mètre au garrot ; les femelles sont légèrement plus petites.

Les loups ont un flair très développé pour trouver leurs proies.

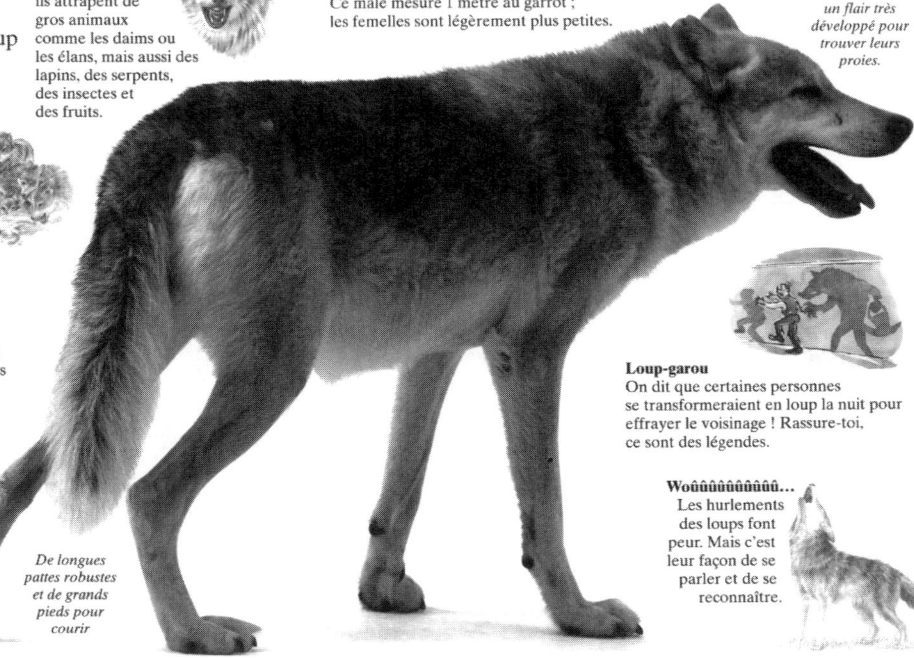

Une faim de loup
Les loups ne chassent que lorsqu'ils ont faim. Mais un loup en bonne santé n'attaquera jamais l'homme sans bonnes raisons.

De puissantes foulées
Ils courent vite et sont capables de maintenir l'allure plusieurs heures. Un loup roux d'Amérique a couru environ 2 semaines sans s'arrêter, soit près de 200 kilomètres.

A pas de loup
Ils se déplacent en trottant, et courent par petits bonds. Mais, s'il le faut, ils peuvent faire des pointes de 65 kilomètres à l'heure.

De longues pattes robustes et de grands pieds pour courir

Loup-garou
On dit que certaines personnes se transformeraient en loup la nuit pour effrayer le voisinage ! Rassure-toi, ce sont des légendes.

Woûûûûûûûûûû…
Les hurlements des loups font peur. Mais c'est leur façon de se parler et de se reconnaître.

L'enseignant apporte un vocabulaire nouveau pour désigner plus commodément des éléments découverts :

– on appelle *paragraphe* les petits textes précédés d'un titre en gras ;

– on appelle *légende* les textes en italiques qui entourent la grande photo du loup.

On convient qu'il n'est parfois pas nécessaire de lire le chapitre en entier et qu'il faut, pour aller au plus vite, s'appuyer sur les titres des paragraphes.

Deux exercices écrits écrit sont proposés :

Premier exercice

Les élèves recherchent dans d'autres chapitres du même livre, puis dans d'autres livres, des paragraphes et des légendes.

> Combien de paragraphes dans le *chapitre* « Au loup »?
>
> ....
>
> Écris le titre *d'un paragraphe*.
>
> ....
>
> Recopie *la légende* qui te parle des pattes du loup.
>
> ....

Deuxième exercice

Sur une feuille, des photos ou schémas extraits d'un autre ouvrage, *Loup qui es-tu ?* (voir page suivante).

Sur une autre feuille des légendes en désordre.

Il s'agit d'apparier photos ou schémas et légendes.

> **À chaque consigne sa légende**
>
> *Consignes :*
>
> • Tu as des illustrations et des légendes. Observe bien !
>
> • Tu places une illustration sur la table.
>
> • Tu places la légende correspondante dessous.
>
> • Tu recommences avec chaque illustration.
>
> Attention ! Danger ! Il y a plus de légendes que d'illustrations !

On vérifie la validité des paires obtenues en se reportant directement à l'ouvrage.

Légendes :

La proie est encerclée et, peu à peu, la ronde des loups se resserre.

Le plus souvent, ils s'installent sous un rocher, un arbre abattu ou dans un terrier de renard.

Le loup dominant nourrit les louveteaux avec de la viande qu'il a déjà mâchée.

Les loups les plus forts mangent les premiers.

En remontant les ruisseaux, les loups poussent les saumons dans les lieux peu profonds.

En hurlant d'une colline à une autre, les loups s'avertissent de l'arrivée d'un troupeau de caribous.

Les loups marchent dans la neige à la queue leu leu en ne laissant aucune trace.

▲ Entraînement à la lecture sélective

Le travail se centre pour finir sur deux des paragraphes de la double page : « *Une faim de loup* » et « *Comme vous avez de grandes dents* ».

Les questions suivantes sont posées :

Mets une croix (x) dans la bonne case ❑

Les loups mangent :
❑ des serpents.
❑ des oiseaux.
❑ des élans.
❑ des lapins.

Surligne la phrase vraie

Les loups chassent sans arrêt.
Les loups ne chassent que lorsqu'ils ont faim.
Les loups chassent la nuit.

Entoure la bonne réponse

Un loup peut–il manger des pommes ?
Oui
Non

Il ne s'agit pas, là encore, d'un simple exercice technique de lecture sélective. Les questions ne suivent pas l'ordre des paragraphes. Les enfants, qui lisent le questionnaire *avant* de retourner au texte, doivent donc, pour répondre au plus vite, s'appuyer sur le titre des paragraphes pour localiser d'abord le lieu possible de l'information demandée. L'enseignant observe leur comportement et les guide si besoin est.

La dernière question implique une réponse par inférence (il faut inférer de « *les loups mangent des fruits* » qu'ils peuvent manger des pommes). Elle est destinée à montrer aux élèves que le renseignement recherché n'est pas toujours donné sous la forme attendue et qu'il convient parfois d'interpréter.

AUTOUR DES LOUPS-PERSONNAGES

41

CLASSEMENT – COMPARAISON

La lecture de *Rebelle le loup* a entraîné la classe à se préoccuper des vrais loups. À supposer qu'il n'en ait rien été, les « faux » loups, les loups des « histoires » dans leur variété physique et comportementale auraient pu, tout aussi bien, provoquer la curiosité des enfants. Les visites en BCD auraient alors fourni l'occasion de fréquenter dans les livres, des loups de toute nature, voire contre nature, bref des loups sortis de l'imagination, hier et aujourd'hui, ici ou ailleurs, à comparer. Une piste de travail pour laquelle la présente fiche répertorie quelques supports et quelques activités possibles.

▲ Des histoires de loups : éléments bibliographiques

Marcel Aymé, *Les contes du Chat perché*, Gallimard.

Claude Boujon, *L'apprenti loup*, École des Loisirs, 1984.

Margaret Clark, *Fables d'Esope*, Gallimard, 1990.

Jean Claverie, *Le Petit Chaperon rouge*, Nord Sud, 1990.

Philippe Corentin, *Patatras*, École des Loisirs, 1994.

Philippe Corentin, *Plouf !*, École des Loisirs, 1991.

Philippe Dumas, « Le petit chaperon bleu marine », in *Contes à l'envers*, Renard Poche, École des loisirs, 1990.

Paul François, *Trois petits cochons*, Flammarion, 1993.

Paul François, *Trois tours de Renard*, Flammarion, 1991.

S. Girardet, Merleau-Ponty Cl., Tardy A., *Les grands méchants loups*, Bayard, 1990.

Grimm, *Le Petit Chaperon rouge*, Hachette, 1995.

Alexis Lecaye, *Gary le loup*, Gallimard, 1993.

James Marshall, *Le Petit Chaperon rouge*, Kaléidoscope, 1990, Calligram, 1992.

Philippe Matter, *Mini-loup, le petit loup tout fou*, Hachette Cadou, 1991.

Jean Muzi, *Dix-neuf fables du méchant loup*, Flammarion, 1987.

Charles Perrault, *Le Petit Chaperon rouge*, Contes Hachette, 1979.

Rascal, *Petit Lapin rouge*, Pastel, École des loisirs, 1994.
Ann Rocard , *Le loup qui avait peur de tout* , Rouge et Or, 1993.
Tony Ross, *Le Petit Chaperon rouge*, Gallimard, 1985.
Sara, *Dans la gueule du loup*, Épigones, 1990.

▲ Classements de loups pour des lectures en réseaux

Des loups de toutes origines

Les ouvrages sélectionnés sont exposés sur les tables. Certains d'entre eux ont été lus par les élèves, en classe (*Plouf !* par exemple), ou en BCD. D'autres sont découverts pour la première fois.

Pour mettre un peu d'ordre dans tous ces loups, on s'amuse à imaginer des regroupements. Pour ce faire, la première de couverture, les illustrations, le sommaire (pour les recueils) sont observés. On découvre que le pays d'origine des histoires est parfois indiqué sous le titre. Le principe d'un premier classement est dégagé : « *chez nous, ailleurs* ».

En France	*Ailleurs, d'autres pays*
Le Petit Chaperon rouge (Ch. Perrault) La queue du loup Le loup et le chien Mini-loup	Le loup et l'agneau (Grèce) Le loup et les chats (Moyen Orient) Le loup, le lapin et le chien (États-Unis) Le loup, la chèvre et les chevreaux (Allemagne) Le loup et l'instituteur (Chine)

D'autres indices (illustrations, bribes d'informations prélevées dans le texte) conduisent à imaginer un autre classement : « *il y a longtemps, maintenant* ». Pour mener à bien ce classement, le maître lit des extraits et aide à trouver des éléments de preuve : « *Le seigneur et son épée* » / « *la grand-mère qui fait du vélo* »… :

Il y a longtemps	*Maintenant*
La queue du loup Le Petit Chaperon rouge (Ch. Perrault)	Le loup qui avait peur de tout Gary le loup Le Petit Chaperon rouge (Tony Ross)

Des loups au profil psychologique varié

Depuis les classements précédents, les livres ont circulé : chaque élève a choisi celui ou ceux qu'il désire lire. De retour en BCD, les livres lus sont présentés par leur lecteur : rapide résumé, effet produit (rire, peur…), portrait du loup, héros de l'histoire.

Tous les loups rencontrés ne se ressemblent pas. Chacun semble avoir sa personnalité propre mais, au-delà des différences, on note cependant des constantes : « *il y a les loups méchants, les loups gentils, les loups malins, les loups bêtes...* » Le maître aide à préciser les catégories et chaque élève est invité à justifier l'appartenance de son loup à telle ou telle catégorie en citant des extraits significatifs de l'histoire.

On obtient un premier classement qui sera continué au fur et à mesure des lectures :

Des loups cruels	*Des loups gentils*	*Des loups pas très malins*
Le loup et l'agneau Le Petit Chaperon rouge (Ch. Perrault)	Le loup qui avait peur de tout L'apprenti loup Dans la gueule du loup Mini-loup	Plouf ! La queue du loup L'âne et le loup

Le maître complète les lectures des enfants par ses propres lectures. Il peut ainsi lire des histoires que les enfants ne pourraient lire seuls, *Les contes du chat perché* par exemple. La discussion sur le caractère des loups n'est pas entreprise immédiatement après l'écoute. L'histoire doit faire son chemin en chacun des enfants. En fin de journée ou le lendemain matin, les élèves expriment leur opinion sur le personnage du loup dans telle ou telle histoire en l'argumentant. Sous leur dictée, le maître note les arguments avancés en face des qualificatifs, sur le principe suivant :

Le loup de *Plouf* !

• pas très malin	Il prend la lune pour un fromage. Il n'a pas compris qu'il va tomber au fonds du puits.
• sot	Il pense attraper le cochon en remontant !

Le loup du *Petit Chaperon rouge*

• malin	Il est gentil avec la petite fille. Il cueille des fleurs avec elle. Il se fait passer pour la grand–mère.
• méchant	Il dévore la grand–mère.
• cruel	Il dévore le Petit Chaperon rouge.

Le loup de *Delphine et Marinette*

• gentil	Il ne pourrait plus jamais manger d'enfants.
• doux	Il penche la tête comme quelqu'un qui est bon. Il a une voix tendre.
• sensible	Il a froid.

À partir de leur classement, et à destination des autres classes, les élèves organisent, dans la BCD, une exposition d'histoires de loups.

AUTOUR DES LOUPS-PERSONNAGES

42

LE LOUP DU PETIT CHAPERON ROUGE

▲ Objectif

Conduire l'élève à repérer les variations dans différentes versions du *Petit Chaperon rouge* et à jouer lui–même de cette variation.

▲ Durée

Quarante à cinquante minutes.

▲ Organisation pédagogique

Tous les élèves sont regroupés autour de l'enseignant.

▲ Supports utilisés

Albums, recueils de contes présentant différentes versions anciennes ou plus récentes du *Petit Chaperon rouge*. Des parodies contemporaines du conte : *Petit Lapin rouge*, *Le Petit Chaperon bleu marine*.

▲ Activités possibles en BCD

– Écoute du *Petit Chaperon rouge* (version de Ch. Perrault) raconté par le maître.

– Présentation des différents albums où l'on peut retrouver le conte de Perrault.

– Discussion autour des illustrations et de l'attente qu'elles génèrent.

– Lecture du *Petit Chaperon rouge* (version des frères Grimm) par le maître.

– Comparaison des deux versions : « *Dans l'histoire des frères Grimm, le Petit Chaperon rouge apporte une galette et une bouteille de vin. Il y a un chasseur qui ouvre le ventre du loup et le remplit de cailloux. C'est moins triste, le Petit Chaperon rouge et la grand-mère sont sauvés...* »

– Lecture du *Petit Chaperon rouge* de Jean Claverie, version contemporaine de l'histoire.

– Comparaison avec les versions anciennes : « *Le Petit Chaperon rouge porte un anorak. Elle transporte une pizza et un coulis de tomates. Le loup possède un cimetière de voitures. C'est la maman qui délivre sa fille. On dirait que cela se passe maintenant...* »

– Essai de mise en ordre en colonnes des différences repérées. Le maître propose : une colonne, un auteur. Par confrontation de points de vue, les enfants parviennent à ordonner les variations en suivant la chronologie des contes lus, ce qui implique qu'ils ont aussi repéré des ressemblances : en l'occurrence la trame narrative est quasi inchangée, seuls les détails de surface varient.

– Élaboration d'un tableau sur une grande affiche (voir page suivante).

▲ Prolongements possibles en classe

Première possibilité : écriture d'une variation du Petit Chaperon rouge

Réécoute des contes lus ou racontés.

Reprise du tableau, ajout d'une colonne supplémentaire : « *Notre version* ».

Recherches d'éléments de substitution.

Choix parmi les différentes propositions de sorte que soit préservée la logique du récit.

Travail du dialogue entre le Petit Chaperon rouge et le loup, chez la grand-mère.

Deuxième possibilité : étude des variantes parodiques

Lecture du *Petit Chaperon vert*, du *Petit lapin rouge*, du *Petit Chaperon bleu marine*.

Différence avec les variantes sérieuses du conte : un enjeu pragmatique autre, faire rire.

À la recherche de quelques moyens utilisés pour faire rire, par exemple :

– des personnages (le loup et le Chaperon) qui connaissent déjà leur histoire, parce qu'ils l'ont vécue, parce qu'un de leurs ancêtres l'a vécue, qui veulent ou ne veulent pas la rejouer, décident d'en changer la fin ; rencontrent leur double plus naïf ou plus roué ;

– des dialogues nombreux, inattendus, où les personnages parlent comme les enfants d'aujourd'hui ;

– des détails prosaïques ;

– des commentaires du narrateur...

	Charles Perrault	**Grimm**	**Jean Claverie**
L'endroit où commence l'histoire	Une pauvre cabane dans la forêt.		Une ville qui a remplacé la forêt.
Le Petit Chaperon rouge	Porte un chaperon rouge.		Porte un anorak rouge.
La demande de la maman	Porter une galette et un pot de beurre à la grand-mère malade, sans s'arrêter ni parler à personne.	Porter une galette et une bouteille de vin.	Porter une pizza et du coulis de tomate, sans quitter le trottoir.
La rencontre avec le loup et la désobéissance	La petite fille indique au loup où elle va. Elle prend son temps sur le chemin et cueille des fleurs.		La petite fille s'ennuie dans la rue. Elle a envie d'aller plus vite et rencontre le loup.
L'idée du loup	Faire prendre le chemin le plus long à la petite fille, dévorer la grand-mère puis le Petit Chaperon rouge.	Un seul chemin.	Faire traverser sa propriété (un cimetière de voitures) à la fillette. Trajet difficile.
L'arrivée du loup chez la grand-mère	Le loup dévore la grand-mère, se déguise et se couche pour tromper la petite fille.	Même chose.	Même chose mais la grand-mère a une télévision.
L'arrivée du Petit Chaperon rouge	Elle ne reconnaît pas sa grand-mère, s'étonne sur ses yeux, ses bras, ses dents. Le loup dévore la petite fille.	Même chose.	Même chose.
La délivrance		Arrivée du chasseur qui ouvre le ventre du loup et délivre la petite fille et sa grand-mère. Le chasseur place des cailloux dans le ventre du loup qui meurt.	Arrivée de la maman. Le loup, malade, vomit le Petit Chaperon rouge et sa grand-mère, puis disparaît pour toujours.

UNE « RONDE DES LIVRES »

43

LES PERSONNAGES ÉTRANGES DES CONTES

▲ Principe de la liaison BCD/Classe

Pendant une durée de sept semaines, à raison d'une heure par semaine, les élèves de la classe fréquentent la BCD autour d'un ensemble d'ouvrages – nous avons ici choisi des contes qui mettent en scène des personnages étranges.

Au cours de ces sept semaines, des moments collectifs (lecture, relecture de contes par le maître, temps d'emprunt et de rangement, présentation de la ronde des livres, repérage de ressemblances et de divergences entre des contes issus de cultures différentes, échanges sur les lectures effectuées, bilan) alternent avec des moments où les élèves sont répartis en trois groupes tournants (A, B, A1, B1, A2, B2), comme l'indique la planification que l'on trouvera page 181, pour des activités ciblées. Les activités conduites en classe prolongent celles conduites en BCD et les nourrissent en retour.

▲ Les livres mis en circulation

• Première semaine

1 – Ann Rocard, *Trois histoires d'ogre*, Lito, 1990.
2 – Henriette Bichonnier, *Le monstre poilu*, folio benjamin, Gallimard, 1982.
3 – Charles Perrault, *Le petit Poucet*, Hachette, 1995.
4 – Henriette Bichonnier, *Pince mi, Pince moi et la sorcière*, Folio benjamin, Gallimard, 1983.
5 – Colin Hawkins, *Les monstres*, Albin Michel, 1990.
6 – Henriette Bichonnier, *Le dernier des abominaffreux*, Première lecture, Rouge et or, 1989.
7 – Katya Arnold, *Baba Yaga*, Nord Sud, 1994.
8 – Tony Ross, *Hans et Gretel*, Folio benjamin, Gallimard, 1990.
9 – Henriette Bichonnier, *Le bisou de la Sorcière*, Rouge et Or, Première lecture, 1991.

• Deuxième semaine

10 – Jean Pierre Raymond, *Les sorcières*, Mes premières légendes, Hachette, 1991.
11 – Bernard Brais, *Les géants*, Mes premières légendes, Hachette, 1991.
12 – Grimm, *Contes*, Gallimard, 1979.
13 – Henri Pourrat, *Contes*, Folio Gallimard, 1987.
14 – Lou Virginie, *Fées et sorcières*, Castermann, 1995.
15 – Afanassiev, *Contes*, Bibliothèque rose, Hachette, 1994.
16 – Grégoire Solotareff, *L'ogre et la rainette*, École des Loisirs, 1986.
17 – Tomie De Paola, *Strega Nonna*, Flammarion, 1984.
18 – Babette Cole, *J'ai un problème avec ma mère,* Folio benjamin, Gallimard, 1983.
19 – Paul Thies, *Les sept fils de l'ogre*, Cascade contes, Rageot, 1993.
20 – JillMurphy, *Amandine Malibul, sorcière maladroite*, Folio cadet, Gallimard, 1990.
21 – Marie France Grillot-Kanter, *La sorcière née du vinaigre*, Castor poche, Flammarion, 1990.
22 – *Abracabondébara*, Mille ans de Contes, tome 2, Milan, 1991.

• Troisième semaine

Tous les titres proposés en deuxième semaines, sauf le n° 22. Rajouter le n° 7.

• Quatrième semaine

CNDP, Textes et documents pour la classe, n° 665, 1993.

• Cinquième semaine

Les titres n°s 16, 17, 18, 19, 20, 21 pour les groupes B1 et B2.
23 – Samivel, *Le joueur de flûte du Hamelin*, Castor poche, Flammarion, 1993.

• Sixième semaine

24 – Tomi Ungerer, *Guillaume, l'apprenti sorcier*, École des Loisirs, 1970.

Titres proposés aux trois groupes de compétences constitués :

– *Groupe expert*

Tomi Ungerer, *Les trois brigands*, École des loisirs, 1968.
Tomi Ungerer, *Le géant de Zéralda*, École des loisirs, 1968.
Anaïs Vaugelade, *L'anniversaire de Monsieur Guillaume*, École des loisirs, 1994.

– *Groupe moyennement expert*

Helme Heime, *Le plus bel œuf du monde*, Folio benjamin, Gallimard, 1990.
Jeanne Willis, *Le géant de la forêt*, Gallimard, 1994
Babette Cole, *La princesse Finemouche*, Folio benjamin, Gallimard, 1988.

– *Groupe peu expert*

Babette Cole, *J'ai un problème avec ma mère*, Folio benjamin, Gallimard, 1983.
Claude Ponti, *La tempête*, École des loisirs, 1993.

Déroulement des activités sur sept semaines

Première semaine	Deuxième semaine	Troisième semaine	Quatrième semaine	Cinquième semaine	Sixième semaine	Septième semaine
– Accueil. – *Moment collectif* : présentation des activités. – *Le maître raconte* : *Trois histoires d'ogre* (1).	– Accueil. – *Moment collectif* : présentation des activités. – *Le maître lit* : *Abracabondébara* (22).	– Accueil. – *Moment collectif* : présentation des activités. – *Le maître lit* : *Baba Yaga* (7).	– Accueil. – *Moment collectif* : présentation des activités. – *Le maître lit* : *Les fées* TDC n° 665 .	– Accueil. – *Moment collectif* : présentation des activités. – *Le maître lit* : *Le joueur de flûte du Hamelin* (23).	– Accueil. – *Moment collectif* : présentation des activités. – *Le maître lit* : *Guillaume, l'apprenti sorcier* (24).	– Bilan de « la ronde des livres ». – Présentation des lectures effectuées par huit enfants. – Discussion.
« Ronde des livres ». Présentation par le maître de huit titres : – *Le monstre poilu* – *Le petit Poucet* – *Pince mi, Pince moi et la sorcière* – *Le bisou de la sorcière* – *Les monstres* – *Le dernier des abominaffreux* – *Baba Yaga* – *Hans et Gretel*	– *Groupe A* (1/2 classe) Présentation des divers supports de contes (format album, roman, recueils, revues…) – *Sous-groupe B1* (1/4 de classe) Extraits de contes mélangés puis lecture personnelle – *Sous-groupe B2* (1/4 de classe) Activités autour de l'objet-livre (auteur, éditeur, collection).	– *Groupe B* Activités de 2e semaine. – *Sous-groupe A1* Activités de 2e semaine. – *Sous-groupe A2* Activités de 2e semaine.	Les contes, patrimoine collectif. Des thèmes de partout et de toujours mais avec des variantes. *Exemples* : *Les fées*, *Le petit Poucet*.	– *Groupe A* (en présence de l'enseignant) Apprendre à lire un récit à haute voix pour les autres. – *Sous–groupe B2* Activités de 2e et 3e semaines (contes mélangés). – *Sous–groupe B1* activités de 2e et 3e semaines (auteur, éditeur…).	– *Groupe B* (en présence de l'enseignant) : apprendre à lire un récit à haute voix pour les autres. – *Sous–groupe A2* Activités de deuxième et troisième semaines (contes mélangés). – *Sous–groupe A1* Activités de 2e et 3e semaines (auteur, éditeur…).	Recherche collective des rencontres effectuées au cours de ces six semaines : personnages, objets magiques, formules qui transforment et transformations…
– *Moment collectif* : rangements, emprunts. – *Le maître lit* : *Trois histoires d'ogre*.	– *Moment collectif* : rangements, emprunts. – *Relecture* : *Abracabondébara*.	– *Moment collectif* : rangements, emprunts. – *Le maître raconte* : *Baba Yaga* (7).	– *Moment collectif* : rangements, emprunts. – *Relecture du conte* : *Les fées*.	– *Moment collectif* : rangements, emprunts. – *Relecture* : *Le joueur de flûte du Hamelin*.	– *Moment collectif* : rangements, emprunts. – *Le maître raconte* : *Guillaume, l'apprenti*.	– Cassette vidéo : *Le p'tit Pierre et la sorcière du placard à balais*.

Bibliographie pour le maître

J.-M. Sallmann, *Les sorcières fiancées de Satan*, Découvertes, Gallimard, 1989.
Pierre-François Fournier, *Magie et sorcellerie*, Ipomée, 1979.
Afanassiev, *Contes*, Maisonneuve et Larose, 1988.
Georges Jean, *Le pouvoir des contes*, Casterman, 1981.
Élisabeth Gardaz, « Le conte dans la littérature pour enfants », in *Lectures, livres et bibliothéques pour enfants*, Édition du Cercle de la librairie, 1993.
Marc Soriano, *Les contes de Perrault, culture savante et traditions populaires*, Gallimard, 1968.
P. Delarue, Teneze M.-L., *Le conte populaire français*, Maisonneuve et Larousse, de 1957 à 1985.

UNE « RONDE DES LIVRES »

44

PREMIÈRE SEMAINE

▲ Le principe de la « ronde des livres »

À la BCD, des livres de difficulté graduée sont mis en circulation (il est indispensable de se doter de quatre à cinq exemplaires de chaque titre et de prévoir un mode d'exposition des ouvrages qui soit attractif pour favoriser les emprunts).

Cette ronde des livres a pour objectif de favoriser la lecture d'œuvres complètes chez tous les élèves, les moins experts comme les plus experts, grâce à l'émulation collective et à l'accompagnement pensé par le maître.

Tous les élèves de la classe sont regroupés autour de l'enseignant. Le maître énonce la règle de la « *ronde des livres* » : des livres vont être mis en circulation après avoir été présentés ; chacun pourra emprunter celui ou ceux qu'il voudra pendant la période de sept semaines, après avoir noté sur un tableau prévu à cet effet le ou les titres choisis en face de son nom ; la lecture achevée, il conviendra de remplir une fiche succincte qui permettra la discussion collective :

Nom de l'élève : Date :

1. Titre du livre lu :
   Auteur :
   Éditeur :

2. Genre du texte. Coche la bonne réponse :
   - ❑ une histoire qui fait peur.
   - ❑ une histoire qui fait rire.
   - ❑ une histoire qui fait pleurer.

3. Qui est le héros de l'histoire ?
   Où cela se passe-t-il ?
   Que se passe-t-il ?

Les fiches seront remises à l'enseignant qui les redistribuera avant le bilan, lors de la septième semaine.

Avant le bilan, le point sera fait chaque fin de semaine : chaque élève emprunteur fera part de ses impressions sur le livre lu pour éventuellement encourager sa circulation.

▲ Présentation des livres

Le maître présente huit titres l'un après l'autre :

– *Le monstre poilu*,

– *Le Petit Poucet*,

– *Pince mi, Pince moi et la sorcière*,

– *Les monstres*,

– *Le dernier des abominaffreux*,

– *Baba Yaga*,

– *Hans et Gretel*,

– *Le bisou de la sorcière*.

Le titre de chaque album est si possible lu par les élèves ainsi que le nom de l'auteur, de l'illustrateur, de l'éditeur, de la collection, s'il y a lieu. Autant d'éléments qui, renvoyant à des connaissances antérieures (auteur déjà rencontré par exemple), peuvent favoriser une attente et éventuellement un désir de lire.

Le titre et les illustrations permettent d'anticiper un contenu. C'est alors que le maître, par des moyens variés, dévoile, un peu seulement, juste pour déclencher la curiosité, le mystère du livre, en lisant :

– un extrait accrocheur,

– ou la quatrième de couverture,

– ou le début de l'histoire,

– ou le début d'un chapitre important pour le déroulement du récit.

UNE « RONDE DES LIVRES »

45

DEUXIÈME ET TROISIÈME SEMAINES

▲ Groupe A

Objectifs

Apprendre à distinguer support et genre (véhicule et contenu) et à saisir la grande diversité des supports pour un même genre. Découvrir notamment la notion de *recueil*.

Durée

Trente à trente-cinq minutes.

Organisation pédagogique

Une demi-classe regroupée autour de l'enseignant puis recherches par groupes de quatre.

Ouvrages utilisés

Les contes choisis pour cette deuxième semaine (*cf.* fiche p. 180) ont la particularité d'être édités sur des supports différents : format *album*, format *roman*, présence ou non d'illustrations, recueils…

Différentes éditions et différentes versions d'un même conte, par exemple du *Petit Poucet*, sont exposées.

Activités possibles

– Moment de réflexion collective sur la nature des contes : ceux qu'on connaît, leurs particularités (« *des histoires, des aventures imaginaires souvent très très anciennes, des histoires qui étaient racontées avant qu'on ne les écrive dans des livres...* »), leur fonction (« *ils nous font peur, rire, rêver, voyager, c'est merveilleux, magique, on n'y croit pas ou on y croit, il y a des personnages extraordinaires, fantastiques...* »).

– Présentation des ouvrages sélectionnés (de la même manière qu'en première semaine).

– Manipulation et identification des supports variés.

– Arrêt sur les recueils : leur principe, la nécessité de recourir au sommaire pour connaître le nombre, le titre et la localisation des histoires qu'ils contiennent.

– Comment une même histoire peut être éditée sur des supports variés : cas du *Petit Poucet*. Comparaison de plusieurs éditions (format, auteur, illustrateur, année d'édition, intérêt esthétique…).

– Activités par groupes de quatre : recherches dans les ouvrages présentés.

Questionnaire

• Écrivez le titre de trois histoires d'ogre.

1. ....

2. ....

3. ....

• Quel est le nombre de livres vous proposant le conte : *Le Petit Poucet* ?

....

• Écrivez le nom d'un conte auvergnat écrit par Henri Pourrat.

....

• Qui a écrit *L'ogre et la rainette* ?

....

Pour répondre à un tel questionnaire, il faut nécessairement manipuler des recueils et donc songer à utiliser le sommaire.

▲ Groupe B1

Objectif

Apprendre à retrouver la logique d'un récit

Durée

Vingt à vingt-cinq minutes.

Organisation pédagogique

Six à huit élèves qui travaillent par deux.

Supports utilisés et consigne

Deux contes écrits par le même auteur[1], *Strega Nonna et le chaudron magique* d'une part, *Les leçons de magie de Strega Nonna* d'autre part, sont découpés en séquences narratives puis totalement mêlés.

Pour faciliter la réutilisation du matériel avec les autres groupes de la classe, les morceaux de textes sont collés sur un carton plastifié. Chaque dyade reçoit une enveloppe contenant les contes mélangés et la consigne, également rédigée sur bristol plastifié.

> *Consignes*
>
> • Tu as les morceaux de deux contes mélangés.
>
> • Tu lis rapidement les morceaux de textes.
>
> • Tu cherches les débuts des deux contes.
>
> • En relisant avec attention, tu places ensuite les autres parties dans l'ordre pour reconstituer les deux histoires.
>
> • Tu vérifies dans les albums que tu as bien retrouvé les deux histoires et tu corriges s'il y a des erreurs.

Le temps restant est un moment de lecture personnelle.

▲ Groupe B2

Objectif

Vérifier que l'élève est capable d'identifier l'auteur, l'éditeur.

Durée

Vingt à vingt-cinq minutes.

Organisation pédagogique

Six à huit élèves regroupés par deux.

Supports utilisés et consignes

– Une série de huit livres pour tout le groupe (format roman).

– Une fiche de consignes rédigée sur bristol.... (voir groupe B1)

1. Tomie De Paola, *Strega Nonna et le chaudron magique*, Flammarion, 1984.

Consignes

- Tu as huit livres à ta disposition.
- Tu les feuillettes rapidement.
- Tu observes le tableau pour comprendre ce qu'il faut faire.
- Tu complètes ce tableau.
- Tu compares tes résultats avec ceux de tes camarades du groupe et tu corriges après avoir vérifié avec les livres.

– Un tableau à remplir pour chaque dyade.

TITRE	AUTEURS	ÉDITEURS
	Babette Cole	
Amandine Malibul		
L'ogre et la rainette		
		Flammarion
La Baba Yaga		
	Henriette Bichonnier	
		Rageot

– Le temps restant est un moment de lecture personnelle.

En troisième semaine, les activités sont les mêmes mais les groupes A1, B1 et B2 permutent (voir planification générale, page 181).

UNE « RONDE DES LIVRES »

46

QUATRIÈME SEMAINE

▲ Objectif

Montrer aux élèves qu'il existe de nombreuses variantes des contes populaires. Leur permettre de retrouver, par une approche comparative, des liens entres ces contes et ainsi développer une lecture intertextuelle.

▲ Durée

Quarante à quarante-cinq minutes.

▲ Organisation pédagogique

Tous les élèves de la classe.

▲ Supports utilisés

Textes et documents pour la Classe n°665 : « *Le conte* ».

▲ Activités possibles

Le conte et ses variantes ont été lus ou racontés en classe les jours précédents. Le lexique, quand jugé nécessaire, a été adapté (par exemple le mot *tô* a été remplacé par *galette de mil*).

En BCD, on rappelle les titres des contes lus ou racontés. Les titres sont écrits au tableau, ainsi que le nom des auteurs.

Dans la phase de découverte des contes, les élèves ont déjà remarqué des ressemblances et des différences.

L'étude comparative est alors reprise et systématisée en classe.

Quelques exemples d'éléments notés par les élèves :

Ressemblances	*Différences*
C'est toujours une famille.	Ce n'est pas toujours la même famille.
Il y a des parents pas tous gentils.	Dans deux contes il n'y a pas de papa.
La première fille est très gentille sauf une fois ou, c'est l'inverse. Elle fait tout ce qu'on lui demande, alors elle devient riche et belle. La deuxième ou l'autre n'est pas gentille, elle grogne, elle ne veut que la richesse, c'est une râleuse. Elle est toujours punie, on lui donne des serpents.	Dans deux contes, les filles vont chercher de l'eau. Dans un autre, elles vont chez une sorcière. Une autre fois, c'est vers l'eau sale. Une autre fois vers le robinet [1].
La première rencontre des personnages aux pouvoirs magiques ; la deuxième, jalouse, veut les voir aussi mais ça se passe mal. Si on est obéissant avec eux ils font un bon don. Si on est méchant avec eux, ils font un mauvais don.	Les filles rencontrent des personnages différents : des souris, des vieilles, un magicien, une fée. Les personnages ne demandent pas la même chose.
Il y a des mariages.	Les filles ne se marient pas toutes. Les mariages ne vont pas tous bien.

On recherche de la morale de l'histoire : « *si on est gentil et bon …* », « *si on est mal élevé….* » et pour finir on réécoute les contes (lecture de l'enseignant, cassettes dans le cadre d'ateliers) pour mieux les mémoriser.

1. « *Mais alors, il y a toujours de l'eau vers les fées ! Sauf une fois !* ». Remarque émise après avoir trouvé où se passaient les rencontres.

UNE « RONDE DES LIVRES »

47

CINQUIÈME (SIXIÈME) ET SEPTIÈME SEMAINES

▲ Cinquième semaine

Objectif

Apprendre à lire un conte à haute voix pour les autres.

Durée

Trente minutes environ.

Organisation

Tandis que le groupe B réparti en deux ateliers travaille en autonomie (voir planification, page 181), la moitié de classe que constitue le groupe A est réparti en sous–groupes de besoins de trois ou quatre élèves. On veille à réunir dans chaque sous-groupe des enfants inhibés et des enfants plus à l'aise.

Supports utilisés

Deux ouvrages de même difficulté par sous-groupe de performance. On propose deux ou trois exemplaires de chaque titre pour une meilleure circulation au sein du sous-groupe.

Activités possibles

Les deux récits sont lus silencieusement par chaque enfant. Le sous-groupe détermine ensuite celui qui sera retenu pour être oralisé, puis le fragmente afin de répartir la tâche (l'enseignant apporte ici son aide afin que les coupures correspondent à des articulations du récit). Chaque enfant travaille ensuite son fragment.
L'enseignant soutient les élèves en difficulté en repérant avec eux la ponctuation, les liaisons, les intonations possibles.

Chaque enfant présente une première fois à la classe l'extrait qu'il a en charge. Les auditeurs apportent critiques et conseils. Un deuxième essai est tenté.

En sixième semaine, les groupes A et B permutent.

Prolongement en classe

• Pour l'ensemble de la classe

– Une même phrase, proposée par le maître, prononcée avec une intonation différente pour d'exprimer des sentiments ou des sensations différentes.

– Lecture de dialogues en utilisant la bonne intonation (question ? exclamation !).

– Lecture de textes courts avec variation d'intensité.

• Pour chaque sous-groupe

– Relecture du récit en entier.

– Mémorisation.

– Lecture à haute voix devant la classe.

– On apprend à lever les yeux, à lire suffisamment fort en manifestant une aisance corporelle, à enchaîner les séquences sans temps mort.

– Ultime présentation à toute la classe.

▲ Septième semaine

Durée

Cinquante minutes.

Supports utilisés

La plupart des contes lus ou utilisés au cours de la période (*cf.* bibliographie). Cassette vidéo.

Activités possibles

– Présentation des livres empruntés pour « la ronde » lors de la première séance : les enfants volontaires s'appuient sur la fiche qu'ils ont remplie après la lecture et qu'ils ont reprise la veille du bilan pour se préparer (notons qu'en dehors des contes présentés lors de la ronde des livres, et dont la lecture avait quelque chose d'obligatoire, de nombreuses autres histoires présentées ou lues par l'enseignant ont également circulé.)

– Recherche des personnages extraordinaires rencontrés au cours de ces sept semaines : ogres, sorcières, géants, fées, magiciens, monstres, dragons…

– Recherche d'objets magiques : baguettes, bottes de sept lieux, balais, chaudrons…

– Recherche de pouvoirs magiques : rendre beau ou laid, pauvre ou riche, méchant ou gentil, peureux ou courageux…

– Visionnement de la cassette : *P'tit Pierre et la sorcière du placard à balais* [1].

Prolongements en classe

Mise en forme de la liste des personnages extraordinaires, des objets magiques, des pouvoirs à partir des ouvrages sortis de la bibliothèque…

Écriture d'une bibliographie « *Livres qui présentent des personnages étranges* » (Titre, auteur, éditeur) qui sera affichée en BCD pour les autres classes : chaque élève rédige d'abord sa propre bibliographie (les livres qu'il a lu personnellement), les bibliographies partielles ainsi obtenues sont ensuite accolées pour n'en former qu'une après effacement des éléments redondants.

1. Pierre Gripari, *P'tit Pierre et la sorcière du placard à balais*, Gallimard, 1992.

QUATRIÈME PARTIE

LECTURE – ÉCRITURE AU CYCLE 2 : UNE HARMONISATION D'ÉCOLE

LE DOCUMENT CONTRACTUEL

L'enseignant de cours préparatoire ne peut programmer les apprentissages de sa classe sans prendre en considération les acquis antérieurs de ses élèves. L'organisation de l'école en cycles implique que l'équipe de maîtres d'un cycle donné, « *à l'occasion des conseils, explicite la répartition des apprentissages proposés aux élèves* »[1]. Pour élargir le propos, jusqu'ici centré sur le seul cours préparatoire, à l'ensemble du cycle 2, nous présentons un exemple (non nécessairement exemplaire) d'harmonisation des enseignements de lecture et d'écriture de la GS au CE1.

À la suite d'un stage intitulé « *Lire pour écrire, écrire pour lire* », proposé par l'IUFM de Clermont-Ferrand, une équipe d'école et son conseiller pédagogique décident d'organiser collectivement les enseignements de français. Le document contractuel qui va être présenté dans les fiches suivantes cible les points forts de la construction des compétences en prenant comme entrée l'écriture, précisément les types d'écrits susceptibles d'être produits. Des supports de lecture, des activités de lecture active et de structuration de la langue sont envisagés, qui tiennent compte, par anticipation, des problèmes d'écriture posés par chaque type d'écrit retenu. Bien entendu, le contrat, tel qu'il se présente, n'est qu'une base de travail. Pour que l'harmonisation devienne opératoire, il convient que chaque enseignant s'approprie à sa manière le projet collectif et surtout, parce que l'organisation de l'école en cycles a pour but de « *mettre l'enfant au cœur du système éducatif* », qu'il soit à l'écoute des besoins et des projets propres des élèves, besoins et projets qui peuvent et doivent infléchir la programmation initiale (dans son calendrier comme dans son contenu).

Le document est le fruit d'une réflexion empirique[2] et ne constitue rien d'autre qu'un témoignage. En lui-même cependant, il atteste qu'une organisation des apprentissages est possible à qui veut s'en donner la peine.

1. *Cf.* note page 5, partie 3.
2. Pour une réflexion plus scientifique sur la programmation par cycle en français, nous renvoyons le lecteur à l'article de André Séguy, « Programmation des apprentissages de la production d'écrits : du projet d'école aux projets de cycles », *Repères* n°5, INRP, 1992.

PALIER 1

Possibilité de calendrier	**Situations d'écriture**	**Supports de lecture possibles**
Premier trimestre		– Albums variés de grande qualité. – Documentaires dans lesquels l'information est accessible, exacte (séries *Les chemins de la découverte*, Gallimard – *Les jeunes découvreurs*, Larousse – *Gros plan* , Seuil – *Regarde-les grandir*, Hachette). – Programmes de télévision. Calendriers. – Périodiques (Milan, Bayard).
	Écrire une histoire de souris (par la dictée à l'adulte)	*Le père la souris*, École des loisirs. *Je mangerais bien une souris*, École des loisirs. *Une souris verte*, Didier. *La tempête*, École des loisirs. *Alex*, Nord Sud. *Cousin Ratinet*, École des loisirs.
	Dresser une liste Écrire au Père Noël	*Lettres d'un gentil facteur*, École des Loisirs. Une collection de lettres (manuscrites, tapées à la machine, provenant d'une imprimante, cartes postales) et d'enveloppes… Lettres anciennes manuscrites.
Deuxième trimestre	Rédiger un questionnaire avant une visite : la ferme	Prospectus présentant le futur lieu de visite. Cartes routières simplifiées. *Mon premier atlas*, Bordas. Documentaires, revues en liaison avec le sujet.
	Écrire un conte merveilleux qui fera rire	*J'ai un problème avec ma mère*, Gallimard. *Douze formules magiques*, Magnard. *Le crapaud perché*, École des Loisirs. *Les cinq affreux*, Milan. *Le grand livre de tous les méchants*, Milan. *Mille ans de contes*, Milan (Tomes 1 et 2).
	Écrire la recette de… pour…	Fichiers, recueils de recettes pour adulte. Revues avec recettes. *Trottent menus*, Hatier. *La cuisine des petits gourmands*, Larousse.
Troisième trimestre	Écrire le script du spectacle pour la fête scolaire	Documents iconiques autour de la société féodale. *Mythes et légendes*, Hachette. *Mes première légendes*, Hachette. *Au temps des châteaux forts*, Gallimard. *À l'ombre des châteaux forts*, Gallimard. *Le château fort*, Gallimard.
	Réaliser l'affiche pour inviter à la fête…	Collection d'affiches (incitatives, d'invitation, d'avertissement, publicitaires…)
Évaluation		

PALIER 1

Activités de lecture active et de structuration de la langue en relation avec le projet d'écriture	Exemples d'outils collectifs construits en vue de l'écriture
Pour préparer la reconnaissance des types d'écrits utiles à la classe : – Repérer la fonction de différents types d'écrits après avoir découvert certains indices textuels porteur de sens (les textes qui renseignent, ceux qui racontent…). – Chercher les informations dont on a besoin : comment nourrir le hamster ? Que regarder à la télévision mercredi ? Se repérer sur un calendrier en fonction d'un projet.	Classement de titres en fonction des catégories trouvées.
Pour une première approche de la structure narrative, dégager les séquences narratives d'une histoire simple, comparer état initial et état final. Dégager le programme d'actions de chaque personnage (ce qu'il veut, comment il s'y prend, son résultat). Reconstituer une histoire à partir de ses illustrations. Repérer les différentes façons de désigner les personnages. Approcher la notion de phrase (majuscule et point). Repérer les marques du dialogue.	– Schématisation d'histoires. – Les différents désignateurs possibles. – Exemples de phrases ponctuées. – Court dialogue dont les marques sont surlignées.
Comparer des lettres et des histoires courtes ; des lettres entre elles. Repérer la mise en page d'une liste, d'une lettre de demande (date, lieu, destinataire, corps de la lettre, signature). Découper et remettre des lettres en ordre grâce aux indices prélevés. Utiliser : vous, tu, nous… Travailler la phrase interrogative (sa ponctuation).	– Silhouette d'une lettre. – Liste de mots autour de la notion de « jouet ». – Exemples de phrases interrogatives.
Reconnaître d'autres types d'écrits utilitaires. Repérer les renseignements dont on a besoin. Aborder toutes les formes de la phrase interrogative.	– Des phrases questions variées.
Écouter et réécouter des contes courts. Remettre les illustrations correspondantes en ordre. Trouver des titres à des histoires *écoutées*. Repérer ce qui fait la cohérence d'une histoire (parcours du personnage, situation améliorée ou non, enchaînement des séquences narratives). Repérer les organisateurs spatio-temporels. Rechercher des formules magiques dans les textes. Rechercher des expressions amusantes dans les textes. Rechercher des substituts au nom du héros.	– Liste de connecteurs usuels. – Corpus de formules amusantes.
Repérer la silhouette de différentes recettes. Repérer la chronologie des actions. Remettre des recettes en ordre après découpage. Identifier le mode d'énonciation (l'infinitif, l'impératif ou tu/vous…) Observer des marques orthographiques. S'approprier le vocabulaire culinaire : actions, instruments.	– Silhouette d'une recette. – Liste de verbes d'actions. – Liste d'ingrédients.
Adapter ses stratégies de lecture à des supports nouveaux. Comparer des supports iconiques et des supports écrits : repérer les informations communes. Sélectionner les informations nécessaires au script. Repérer des marqueurs temporels et spatiaux particuliers au thème (Autrefois, Au temps des châteaux forts… Sur le pont levis, dans le donjon…) Rechercher des verbes d'action : ce qu'on fera sur scène. Rechercher et comprendre un ensemble de mots techniques concernant les châteaux forts.	– Maquette de château fort légendée. – Liste de connecteurs spatio-temporels particuliers. – Liste de verbes d'action : chasser, se battre, construire…
Repérer les informations importantes : événement, lieu, heure… et la façon dont elles sont mises en valeur. Découper, reconstituer des affiches d'invitation. Repérer certains mode d'énonciation : l'impératif par exemple. S'entraîner à utiliser l'espace de la page.	
Reconnaître les différents supports d'écrits. Reconnaître les différents types d'écrits utilisés en cours d'année. Choisir parmi plusieurs titres celui qui convient à une histoire. Résumer oralement une histoire bien connue. Choisir la meilleure phrase résumé. Retrouver le parcours d'un personnage, identifier des connecteurs…	– Un recueil pour la classe de cours préparatoire : mémoire de l'année écoulée.

PALIER 2

Possibilité de calendrier	**Situations d'écriture**	**Supports de lecture possibles**
Premier trimestre 6 séquences (classe dédoublée)	Écrire la suite d'une histoire	*Plouf !*, École des Loisirs. *Quarante petits contes*, Centurion jeunesse. *Pas de baiser pour Petit Ours*, École des Loisirs. *La jungle aux cent périls*, Gründ. *Histoires à la courte paille*, Poche jeunesse, Hachette.
	Écrire une règle de jeu d'intérieur pour les correspondants	*Revues et périodiques*. Milan, Bayard, BTJ. *Série Qui suis-je ?*, Gallimard. *Mon premier copain des bois*, Milan. *Jeux du monde*, UNICEF.
Deuxième trimestre 6 séquences (classe dédoublée)	Écrire une histoire à trois personnages pour la BCD	*Boucle d'or*, Deux coqs d'or. *Les trois petits cochons*, Nord Sud. *Toc, Toc, Toc*, École des Loisirs. *Contes d'Afanassief*, Hachette. *Les trois brigands*, École des Loisirs. *Les Trois petits loups et le Grand méchant cochon*, Bayard.
Troisième trimestre 2 ou 3 séquences	Écrire une lettre de demande avant d'effectuer une visite	Corpus de lettres de demande avec leurs enveloppes.
2 ou 3 séquences	Écrire un compte rendu de visite pour…	Corpus de comptes rendus (journaux scolaires, revues, articles de journaux locaux). Documentaires traitant du sujet. Prospectus, brochures…
	Écrire un poème pour…	*Jeux de langage*, Retz. *Poèmes, pancartes, affiches*, Gallimard. *Le livre des amusettes*, Éditions ouvrières. *Attrapoèmes*, Gallimard. Recueils parus aux Éditions du Cheyne. *Drôle de ménage*, Cocteau, Passage du Marais.
Évaluation	Écrire une courte histoire dont on a l'illustration	

PALIER 2

<table>
<tr><th>Activités de lecture active et de structuration de la langue
en relation avec le projet d'écriture</th><th>Exemples d'outils collectifs
construits en vue de l'écriture</th></tr>
<tr><td>S'approprier l'histoire par écoute répétée. Dégager les séquences narratives.
Reconstituer le parcours du héros : Son but est-il atteint à la fin de l'histoire ? Peut-on ajouter un épisode ?
Repérer les particularités textuelles, les types d'enchaînements logiques, le rôle que peuvent jouer l'ensemble des personnages…
Rechercher des dialogues et surligner leurs marques. Surligner les verbes introducteurs ainsi que les propositions incises.</td><td>– Classeur issu de la grande section.
– Règles d'écriture élaborées.
– Un dialogue court avec ses marques.
– Un tableau de verbes introducteurs de dialogues.</td></tr>
<tr><td>Distinguer les différentes façons de mettre en page des règles, les différentes parties (nombre de joueurs, but du jeu, déroulement de la partie, fin du jeu et détermination du gagnant…). Identifier le rôle et la place des schémas.
Remettre en ordre une règle de jeu. Placer des schémas au bon endroit. Donner des titres aux parties d'une règle.
Repérer les marqueurs chronologiques dans la partie déroulement. Trouver les marqueurs dans une règle où ils ont été effacés.
Repérer le mode d'énonciation (on, vous … impératif, ou le joueur doit…), et le vocabulaire spécifique : joueur, adversaire, équipe, dé, pion, jeton…
Réduire des phrases.</td><td>– Silhouette de la règle du jeu écrite.
– Liste de marqueurs chronologiques, de verbes d'action, de désignateurs pour les joueurs…</td></tr>
<tr><td>Repérer les particularités de ce type de contes : quels personnages, leurs buts, leurs plans, situation initiale, situation finale… ?
Tests de closure et lectures puzzles (chronologie et logique des actions).
Travailler les modes de désignation des personnages : le petit cochon, il, le goret Naf Naf, ce diable de cochon, le petit malin…
Travailler l'emploi des temps : « Un matin, ils apprirent la terrible nouvelle : le loup revenait ! C'est notre pire ennemi, cachons-nous vite ! »
Permuter des groupe à l'intérieur des phrases. Enrichir le groupe nominal de qualifiants variés.
Repérer des marques orthographiques et effectuer des exercices du type : j'observe et je continue.
Effectuer des copies actives.</td><td>Un tableau de verbes (ouvert sur l'année)
<table><tr><th>Infinitif</th><th>Présent</th><th>Imparfait</th><th>Passé simple</th></tr><tr><td>courir</td><td>il…,</td><td>ils…</td><td>…</td></tr><tr><td>pleurer</td><td>il…,</td><td>ils…</td><td>…</td></tr><tr><td>grandir</td><td>il…,</td><td>ils…</td><td>…</td></tr></table>– Un dialogue à quatre échanges (en remplacement du précédent)
– Trame narrative des Trois petits cochons illustrée.
– Des qualifiants :
à la queue rose
Le petit cochon
qui a peur du loup
de l'histoire
que le loup n'a
pas mangé</td></tr>
<tr><td>Repérer le mode d'énonciation de la lettre : je, nous ; les différentes façons de demander (est-ce que ? Pouvez-vous ? …)
Reconstituer des lettres découpées. Trouver une mise en page. Établir une silhouette type.
Retravailler les phrases interrogatives.
Travailler le couple imparfait/conditionnel.</td><td>– Silhouette de la lettre de demande.
– Phrases questions.</td></tr>
<tr><td>Relever les spécificités de l'écrit à produire.
Remettre en ordre des comptes rendus découpés grâce aux connecteurs chronologiques et logiques surlignés.</td><td></td></tr>
<tr><td>Observer des mises en page, des jeux de calligraphie.
Mettre en page un poème écrit linéairement.
S'entraîner à produire des métaphores, des phrases rythmées, à jouer sur les sonorités…</td><td></td></tr>
<tr><td>Trier et nommer les différents types d'écrits utilisés durant l'année.
Reconnaître les différents types de phrases, les groupes dans la phrase.</td><td></td></tr>
</table>

PALIER 3

Possibilité de calendrier	Situations d'écriture	Supports de lecture possibles
Premier trimestre	Écrire une histoire à effet cumulatif pour les élèves de petite section	*L'anniversaire de Monsieur Guillaume*, École des Loisirs. *Aux sources des chansons populaires*, Belin. *Mille ans de contes*, Milan. *Contes des quatre vents*, Nathan. *365 contes pour tous les âges*, Hatier. *Les musiciens de Brême*, Hachette.
	Écrire des fiches de lecture pour la BCD	Fiches de lecture empruntées à la bibliothèque. Quatrièmes de couverture de romans. Corpus d'ouvrages de littérature de jeunesse lus par les élèves.
	Écrire une fiche de fabrication pour faire réaliser un objet à une classe de CP	*Jeux du monde*, UNICEF. Revues Milan, Bayard, BTJ. *Les petits curieux*, Larousse. *Fleurus idées*, Fleurus.
Deuxième trimestre	Écrire des nouvelles policières pour le journal de l'école	*Série Giboulées*, Gallimard. *John Chatterton, détective*, École des Loisirs. Série *Souris noire*, Syros. *Le turcus étoilé*, Bayard. *Dans la ville*, Épigones. *Détectives et agents secrets*, Gallimard.
	Écrire des légendes (pour schémas ou croquis) en vue d'une exposition destinée aux élèves de l'école	*Bêtes en tête*, Hachette. *Les chemins de la découverte*, Gallimard. *Les yeux de la découverte*, Gallimard. *Aux couleurs du monde*, Circonflexe. *Gros plan*, Seuil.
Troisième trimestre	Écrire des saynètes pour la fête de l'école (récits avec dialogues prédominants)	*Le hibou et le canard*, Folio benjamin Gallimard. *Quel est donc l'âge du capitaine ?*, Le temps apprivoisé. *Théâtre*, Grasset Jeunesse. *Dialogues à lire et à jouer*, Colin.
	Écrire un résumé à la suite de l'étude d'un animal pour le classeur des sciences (fonction mémoire de l'écrit)	Corpus de manuels scolaires (cycle 3) comportant des résumés. Documentaires sur l'animal.
	Écrire des énoncés de problèmes pour les échanger avec ceux d'une autre classe	Corpus d'énoncés de problèmes pris dans des manuels scolaires (cycle 2).
Évaluation		Utiliser les évaluations nationales des années précédentes. Utiliser les documents « compétences de fin de cycle »

PALIER 3

Activités de lecture active et de structuration de la langue en relation avec le projet d'écriture	Exemples d'outils collectifs construits en vue de l'écriture
Dégager la trame narrative des histoires. Trouver les nœuds de l'intrigue. Repérer les formules, les phrases… qui permettent d'introduire un nouvel élément ou un nouveau personnage et qui sont reprises. Remettre en ordre des textes puzzles. Repérer les marques différentes du dialogue selon l'édition.	– Schématisation de l'histoire à effet cumulatif.
Repérer les éléments qui constituent une fiche de lecture : titre, auteur, éditeur, genre, texte… Lire des quatrièmes de couverture, les classer selon ce qu'elles proposent : extrait, amorce, résumé incomplet… Répérer les traits caractéristiques du résumé de quatrième de couverture. S'entraîner à résumer des histoires. Travailler les évaluatifs (« *passionnant, palpitant, inquiétant…* »). Réduire des phrases.	– Silhouette d'une fiche de lecture. – Traits caractéristiques du résumé de quatrième de couverture. Liste d'adverbes et d'adjectifs évaluatifs.
Repérer les critères de réussite de ce type d'écrit. Remettre en ordre des fiches découpées. Travailler l'énonciation. Travailler la schématisation. Loi de formation de l'impératif. Le verbe faire et ses substituts. Un vocabulaire technique.	– Critères de réussite d'une notice de fabrication. – Tableau de verbes à l'impératif.
Dégager quelques caractéristiques du genre : une énigme, un enquêteur, des indices, des fausses pistes, des suspects, des preuves, un coupable. Repérer les nœuds du récit, les rebondissements. Travailler les titres. Aborder les fonctions, le mode d'introduction, les formes de la description. Travailler le groupe nominal et ses composantes, son expansion, sa réduction, l'accord à l'intérieur du groupe nominal.	– Affiches comparatives : Le conte merveilleux et la nouvelle policière : liste des ressemblances et différences. – Le groupe nominal et ses qualifiants : Dans le grand *château* sombre aux tours effrayantes vivait un excellent *détective* qui découvrait tous les coupables. – Phrases exemples ou apparaissent les accords dans le groupe nominal.
Utiliser les clefs d'entrée d'un documentaire. Utiliser les différentes formes prises par l'information. Lire des légendes et de courts textes explicatifs. Comparer des légendes et de courts textes explicatifs. Comparer des légendes entre elles (du groupe de mots à la phrase). Réduire des phrases pour ne garder que l'essentiel. Faire correspondre textes et images distribués en désordre. Inventer des légendes pour des documents et comparer avec celles écrites dans l'ouvrage. Prendre en compte le destinataire afin d'être lisible. Vérifier auprès de camarades. Utiliser le couple imparfait/passé composé, la forme passive.	– Règles d'écriture de légendes.
Repérer dans les histoires des dialogues aux marques variées. Découper des dialogues, les remettre en ordre. Changer de place les propositions incises et opérer les changements qui s'imposent. Enrichir le tableau des verbes introducteurs. Dire et redire en faisant varier l'intonation pour traduire humour, tristesse, bonheur… et en utilisant des verbes adéquats.	– Outil « Verbes introducteurs » repris : liste complétée, amorce d'un classement selon l'intonation. – La ponctuation du dialogue : a) variation selon la place du verbe introducteur : « *Est-ce que tu viens ?* », hurla l'enfant. L'enfant hurla : « *Est-ce que tu viens ?* » b) variation selon les éditeurs.
Chercher les spécificités d'un résumé. Trouver les idées essentielles dans un court texte documentaire. Formuler des questions auxquelles pourraient répondre le texte. Repérer les thèmes dans des textes emmêlés : nutrition, locomotion… Remettre en ordre les informations à l'intérieur de ces thèmes grâce aux connecteurs logiques et chronologiques. Utiliser et intégrer le vocabulaire scientifique adéquat. Mémoriser l'orthographe de certains termes.	
Dégager quelques caractéristiques de l'énoncé de problème. Comparer récit/énoncé de problème. Rechercher les données inutiles dans des énoncés à données superflues. Apparier des énoncés et des questions. Repérer les différentes façons de formuler l'injonction.	– Traits caractéristiques de l'énoncé. – Exemples de formules injonctives.

BIBLIOGRAPHIE

Ouvrages

Bernard Devanne, *Lire et écrire : des apprentissages culturels (cycle des apprentissages fondamentaux)*, Armand Colin, 1992.

Claudine Garcia-Debanc et al., *50 situations pour apprivoisier les livres en classe ou en BCD*, C.R.D.P., Toulouse, 1994.

Groupe Eva, *Évaluer les écrits à l'école primaire*, INRP, Hachette Éducation, 1991.

Jean Hébrard, Anne-Marie Chartier, *Lire-écrire, entrer dans le monde de l'écrit*, Hatier, 1992.

Isabelle Jan, *Les livres pour la jeunesse, un enjeu pour l'avenir*, Le Sorbier, 1988.

Catherine Jordi, *BCD, mode d'emploi*, CRDP, Nice, 1991.

Renée Léon, *La littérature de jeunesse à l'école*, Hachette Éducation, 1994.

Claude-Anne Parmegiani, *Lectures, livres et bibliothèques pour enfants*, Cercle de la librairie, 1993.

Christian Poslaniec, *Donner le goût de lire*, Le Sorbier, 1990.

Christian Poslaniec, *De la lecture à la littérature*, Le Sorbier, 1992.

Dominique Righi, *Animer une BCD*, Hachette Éducation, 1993.

Roger Sarvajols, Annie Wedemeyer, *D'album en roman*, CRDP, Créteil, 1995 (réédition).

Rémy Stoecklé, *Activités à partir de l'album de fiction. De l'école maternelle au collège*, L'école, 1994.

Catherine Tauveron, *Le personnage. Une clef pour la didactique du récit à l'école élémentaire*, Delachaux et Niestlé, 1995.

Revues

Argos, revue des BCD et CDI, CRDP, Créteil (3 numéros par an).

La revue des livres pour enfants, La joie par les livres (6 numéros par an).

Le rayon vert, fichier d'analyse de documents, INJEP Marly le Roi (1 numéro par an).

PÉDAGOGIE PRATIQUE À L'ÉCOLE

Lecture, écriture et culture au CP, Jacqueline Boussion, Michèle Schöttke, Catherine Tauveron, préface de Michel Amrein

Une BCD pour lire et écrire, Dominique Righi

Animer une BCD, Domnique Righi

Jeux pour écrire, Michel Martin

Enseigner la biologie à l'école primaire, Yves Zarka

Ateliers de langage pour l'école maternelle, Jean-Louis Simonpoli

Former des enfants lecteurs et producteurs de poèmes, Groupe de recherche d'Écouen

Du geste à l'expression, Viviane Durrieu-Cougnenc

Former des enfants producteurs de textes, Groupe de recherche d'Écouen

Former des enfants lecteurs (tome 1), Groupe de recherche d'Écouen

Former des enfants lecteurs de textes (tome 2), Groupe de recherche d'Écouen

Quel langage parler aux enfants ?, Georges Lautier

Enseigner les arts plastiques, Daniel Lagoutte

Guide de la direction d'école, Maurice Joint

PÉDAGOGIES POUR DEMAIN

Lieux d'échanges et de dialogues entre les enseignants, mais aussi avec tous ceux qui s'intéressent à l'école, aux mouvements qui la traversent, à la manière dont on y travaille. Supports de formation, « boîtes-à-outils », que chacun peut utiliser à sa manière, en fonction de ses besoins et du temps dont on dispose.

Didactiques

Centrés sur le premier et le second degré, ces ouvrages constituent pour les enseignants et les parents autant de repères pour comprendre l'enseignement. Ils fournissent des instruments de diagnostic, de régulation et d'orientation. Aides à la pratique quotidienne de la classe, ils donnent les éléments de réflexion permettant de dominer les contenus d'enseignement.

Premier degré

Apprendre à lire au cycle 2, Carole Apprendre à aimer lire, Michel Peltier

Découverte du vivant et de la Terre, Pierre Antheaume, Michelle Dupont, Maurice Maurel, coordonné par Jeannine Deunff

Découverte de la matière et de la technique, Aline Coué, Michel Vignes, coordonné par Jean-Louis Martinand

Enseigner la musique à l'école, Isabelle Lamorthe

Travailler avec des écrivains, Emmanuel Virton, André Delobel

Enseigner les mathématiques à la maternelle, Françoise Cerquetti-Aberkane, Catherine Berdonneau

À l'école à deux ans, pourquoi pas ?, Nicole Pradel

La Littérature de jeunesse à l'école, Renée Léon

Ces héros qui font lire, Laurence Decréau

Savoir orthographier, INRP

La Télévision pour lire et pour écrire, Maguy Chailley, Marie-Claude Charlès

Évaluer les écrits à l'école primaire, Groupe EVA/INRP, préface d'Hémène Romian

Didactiques de l'orthographe, Jean-Pierre Jaffré/INRP, préface de Nina Catach

Comprendre des énoncés mathématiques, résoudre des problèmes, Alain Descaves

Enseigner les mathématiques à l'école, Françoise Cerquetti-Aberkane

Enseigner le français à l'école, Carole Tisset, Renée Léon, préface de Michel Migeon

Enseigner l'histoire à l'école, Alain Dalongeville

Enseigner la géographie à l'école, Pierre Giolitto

Enseigner l'éducation civique à l'école, coordonné par Pierre Giolitto

Apprendre à lire comme on apprend à parler, Marie-Joëlle Bouchard, préface d'Alain Bouvier

Apprendre à communiquer, Jean-François Simonpoli

Aménager le temps scolaire, Georges Fotinos, François Testu

Imprimé en France par I.M.E. - 25110 Baume-les-Dames
Dépôt légal n° 8639-05/1998 - Collection n° 13 - Edition n° 02
17/0449/3